Sp/
TK
9901
B3918
2002

PORTAG

INSTALACIONES ELÉCTRICAS BÁSICAS

MANTENIMIENTO Y REPARACIÓN

CHICAGO PUBLIC LIBRARY
PORTAGE-CRAGIN BRANCH
5108 W. BELMONT AVE.

CREATIVE
PUBLISHING
international

CHANHASSEN, MINNESOTA
www.creativepub.com

Contenido

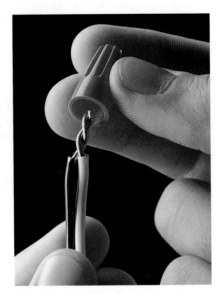

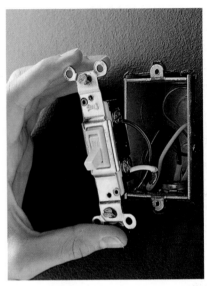

Introducción a la electricidad

Introducción 5
Para comprender la electricidad 6
La electricidad y la seguridad 8
El sistema eléctrico de su hogar 10
Partes del sistema eléctrico 12
Para comprender los circuitos 14
Aterrizaje y polarización 16
Herramientas para reparaciones
    eléctricas 19

Principios básicos de alambrado

Alambres y cables 21
Tableros de servicio 26
Fusibles y disyuntores 28
Diagramado de los circuitos y
    rotulado del tablero de servicio 30
Evaluación de los circuitos por
    su capacidad de seguridad 34
Cajas de registro 36
Instalación de una caja
    de registro 38
Cambio de una caja de registro 40

Interruptores instalados en la pared

Problemas comunes con los
    interruptores de pared 42
Principios básicos de los
    interruptores de pared 44
Interruptores de pared
    monopolares 45
Interruptores de pared
    tripolares 46
Interruptores de pared
    de 4 polos 47
Interruptores dobles 48
Interruptores con luz piloto 49
Contactos/interruptores 49
Interruptores especiales 50
Pruebas de continuidad en los
    interruptores 52
Instalación y cambio de
    interruptores de pared 56
Interruptores reductores de luz 60

Copyright © 1994, 2002
Creative Publishing international, Inc.
18705 Lake Drive East
Chanhassen, Minnesota 55317
1-800-328-3895
www.creativepub.com
All rights reserved

Printed on American paper by:
R.R. Donnelley
10 9 8 7 6 5 4 3 2 1

President/CEO: Michael Eleftheriou
Vice President/Publisher: Linda Ball
Vice President/Retail Sales & Marketing: Kevin Haas

R0401553652

CHICAGO PUBLIC LIBRARY
PORTAGE-CRAGIN BRANCH
5100 W. BELMONT AVE.

Contactos

Problemas comunes con los
  contactos 62
Alambrado de los contactos 64
Tipos básicos de contactos 66
Contactos antiguos 67
Contactos para alto voltaje 68
Contactos y otros accesorios para
  protección de los niños 69
Prueba de contactos: energía,
  aterrizaje y polaridad 70
Reparación y cambio de
  contactos 72
Contacto con interruptor por
  fallas tipo GFCI 74

Lámparas

Reparación y cambio de lámparas
  incandescentes 78
Reparación y cambio de lámparas
  ocultas 83
Reparación de candelabros 86
Reparación y cambio de luces
  fluorescentes 88
Cambio de clavijas 94

Timbres de puerta y termostatos

Instalación y cambio de timbres 96
Instalación y cambio de
  termostatos 102

Libro de notas del inspector 110

Inspección de los tableros de
  servicio 111
Inspección del alambre puente de
  aterrizaje 111
Problemas comunes con
  los cables 112
Comprobación de las conexiones 114
Inspección de la caja de registro 116
Problemas comunes con las
  extensiones 118
Inspección de contactos
  e interruptores 120
Evaluación de los alambrados
  viejos 122

Índice 126

Versión en español:
JUAN NAVES RUIZ

La presentación y disposición en conjunto de
Instalaciones Eléctricas Básicas · Mantenimiento y Reparación
son propiedad del editor. Ninguna parte de esta obra puede ser reproducida o transmitida, mediante ningún sistema o método, electrónico o mecánico (INCLUYENDO EL FOTOCOPIADO, la grabación o cualquier sistema de recuperación y almacenamiento de información), sin consentimiento por escrito del editor.

Versión autorizada en español de la obra publicada en inglés por Creative Publishing international con el título de
BASIC WIRING & ELECTRICAL REPAIRS
©1990 por Creative Publishing international, Inc.
ISBN 0-86573-715-0 (pbk)

Library of Congress
Cataloging-in-Publication Data
(Information on file)

ISBN 1-58923-101-5

Introducción

El texto que ahora tiene en sus manos es una guía completa para la instalación y el mantenimiento del sistema eléctrico del hogar. Una exposición sencilla y clara, unida a cientos de fotografías a color y en primer plano, llevan al lector por cada uno de los pasos requeridos para efectuar una reparación. La seguridad recibe en este libro una atención preferente.

El hacer reparaciones eléctricas no es cosa difícil. Los simples procedimientos de seguridad que este libro contiene, unidos al propio sentido común, eliminan las dudas que puedan asaltar al lector en cuanto a la ejecución de las reparaciones eléctricas por él mismo. Descubrirá que los trabajos eléctricos en el hogar son seguros, sencillos y una fuente real de satisfacciones. Por otra parte, sirven para ahorrar la cantidad considerable de dinero que supone contratar a un electricista profesional.

En las primeras páginas de este libro se explica la forma en que trabaja la electricidad. Se sabrá la forma en que la electricidad entra en el hogar, cómo se la distribuye por las diferentes habitaciones y cómo la puesta a tierra del sistema hace que éste sea seguro. Los términos eléctricos usados a lo largo del libro se recogen en un glosario de fácil uso y en un catálogo de herramientas se señalan las que pueden ser necesarias, tanto de mano como mecánicas, para llevar a cabo los trabajos de reparación.

La sección que va a continuación ofrece una vista panorámica de las partes que integran un sistema eléctrico. Su muy amplia información permite identificar los tipos de cables y alambres, desnudar éstos, hacer conexiones a prueba de fallas, estimar la capacidad del sistema que actualmente utiliza, calcular la carga de los circuitos individuales, hacer un valioso diagrama de los circuitos e instalar cajas de unión. Se han incluido asimismo numerosas fotografías de las partes que se usaban anteriormente, con el objeto de que el lector pueda identificar la antigüedad del sistema de alambrado, anticipándose a posibles averías.

Figura a continuación una sección cuidadosamente planeada acerca de los trabajos de reparación, en la que se incluyen todos los detalles acerca de la identificación y reparación de interruptores, contactos, luces fluorescentes e incandescentes, termostatos, timbres de puerta y clavijas, todo ello perfectamente descrito y acompañado de fotografías, y cada detalle ha sido revisado por expertos y técnicos tanto en relación con su precisión, como con su seguridad.

Hemos identificado por último algunas de las violaciones más comunes a los códigos, así como los problemas potenciales que pueden presentarse en el sistema eléctrico de cualquier hogar, especialmente cuando se trata de instalaciones anticuadas. Se han organizado estos problemas y sus soluciones en una sección especial situada al final de este libro, a la que hemos denominado "Libro de notas del inspector". Contar con ella es como tener al lado un electricista profesional que nos señale los problemas que pueden pasar desapercibidos al dueño promedio de un hogar. Con esta sección se logra que el sistema eléctrico se encuentre siempre bien mantenido y en perfectas condiciones de funcionamiento.

Este libro es el producto de muchas horas de investigación y desarrollo.

Sentimos orgullo al poder ofrecer este libro como una aportación valiosa a las bibliotecas de temas acerca de la mejora de los hogares.

AVISO A LOS LECTORES
Este libro brinda instrucciones útiles, pero nos resulta imposible conocer las condiciones de trabajo y las características de los materiales y herramientas de que disponga el lector. Por su seguridad, deberá aplicar precaución, cuidado y buen juicio al seguir los procedimientos que en este libro describimos. Tenga presente su propio nivel de habilidad, así como las instrucciones relacionadas con los aparatos y herramientas que aquí se indican. Los publicistas se encuentran en la imposibilidad de aceptar responsabilidades por cualesquiera daños a las propiedades o a las personas que puedan ser consecuencia de un mal uso las instrucciones que se facilitan.

Las instrucciones de este libro se ajustan a los códigos uniformes de plomería, al de referencias eléctricas y al código uniforme de construcciones, vigentes todos ellos al aparecer esta publicación. Deberá el lector consultar su departamento local de construcción acerca de la información requerida, los permisos de constricción, los códigos y otras leyes que puedan ser de aplicación a los trabajos a realizar.

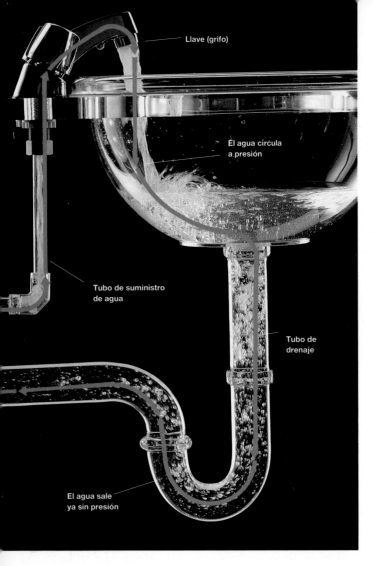

Llave (grifo)

Él agua circula a presión

Tubo de suministro de agua

Tubo de drenaje

El agua sale ya sin presión

Para comprender la electricidad

El sistema eléctrico de un hogar puede ser comparado con un sistema de plomería doméstica. La corriente eléctrica circula por los alambres y cables en forma semejante a la del agua que circula por los tubos. Tanto la electricidad como el agua entran al hogar para ser distribuidas por el mismo; una vez que han realizado su "trabajo" salen de la casa.

En el caso del sistema de plomería el agua circula en primer lugar por el sistema de agua a presión. En el caso de la electricidad ésta corre por los alambres vivos. La corriente que circula por los alambres vivos también está a presión; dicha presión se llama **voltaje**.

Los tubos gruesos pueden transportar más agua que otros más delgados. De igual forma, los alambres de gran calibre transportan más energía que los de pequeño calibre. La capacidad para transportar electricidad por los alambres se denomina **amperaje**.

El agua se utiliza haciéndola salir por llaves, grifos y regaderas. La electricidad se utiliza por medio de contactos, interruptores y aparatos.

Por último, el agua sale de la casa por un sistema de drenaje, en el que no hay presión. En forma semejante, la corriente eléctrica sale por alambres neutrales, esta corriente no está bajo presión, y su voltaje es igual a cero.

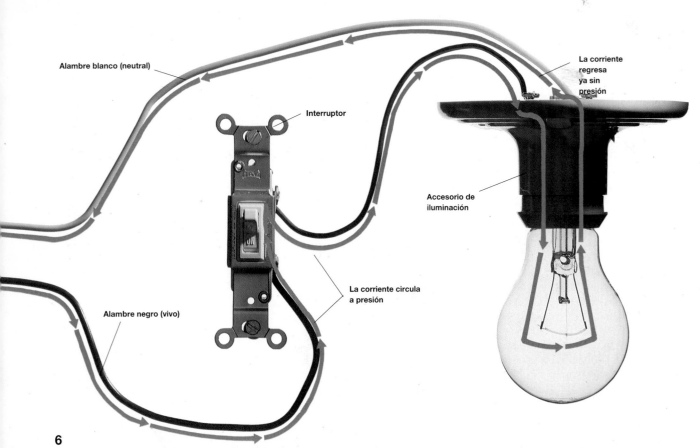

Alambre blanco (neutral)

Interruptor

La corriente regresa ya sin presión

Accesorio de iluminación

La corriente circula a presión

Alambre negro (vivo)

Glosario de términos eléctricos

aislador: cualquier material, por ejemplo plástico o goma, que se opone al paso de la corriente eléctrica. Los alambres y cables son protegidos con cubiertas de material aislante.

alambre de alimentación: conductor que lleva una corriente de 120 volts en forma ininterrumpida desde el tablero de servicio.

alambre de tierra: alambre usado en los circuitos eléctricos para llevar a tierra la corriente en caso de producirse un corto circuito. El alambre de tierra es frecuentemente un alambre de cobre desnudo.

alambre neutral: es el que devuelve la corriente con voltaje cero a la fuente de energía eléctrica. Está habitualmente cubierto con aislante blanco o gris claro. Se le llama también alambre puesto a tierra (o aterrizado).

alambre puesto a tierra (aterrizado): ver **alambre neutral.**

alambre vivo: cualquier alambre que lleva voltaje. En un circuito eléctrico el alambre vivo está habitualmente cubierto con aislamiento negro o rojo.

ampere (o amp): se refiere a la cantidad de energía eléctrica que circula hacia una lámpara, una herramienta u otro aparato.

BX: ver cable blindado.

cable: dos o más alambres reunidos y protegidos por una cubierta o funda.

cable blindado: dos o más alambres que forman un grupo y están protegidos por una cubierta metálica flexible.

caja: se usa para contener las conexiones entre los alambres.

caja de empalme: ver **caja.**

capuchón de rosca: dispositivo usado para conectar dos o más alambres.

circuito: un flujo continuo de corriente eléctrica que circula por alambres o cables.

coleta: alambre corto usado para conectar dos o más alambres de un circuito a un solo tornillo terminal.

conductor: cualquier material por el que puede circular la corriente eléctrica. El alambre de cobre es un material especialmente bueno como conductor.

contacto: dispositivo que permite tener acceso a la energía eléctrica.

contacto dúplex: contacto que permite la conexión de dos clavijas.

contacto polarizado: contacto ideado para mantener el flujo de energía por los alambres negros o rojos, en tanto que la energía neutral corre por los alambres blanco o gris claro.

continuidad: camino sin interrupción a lo largo de un circuito o de un aparato eléctrico.

corriente: movimiento de electrones a lo largo de un conductor.

corto circuito: contacto accidental e inadecuado entre dos alambres que transportan corriente, o entre un alambre que la transporta y un conductor puesto a tierra.

disyuntor: dispositivo de seguridad que interrumpe un circuito eléctrico si se produce una sobrecarga o un corto circuito.

energía: el resultado del flujo de corriente viva durante un periodo de tiempo. Al usarla, la energía produce calor, movimiento o luz.

fusible: dispositivo de seguridad, encontrado con frecuencia en las casas antiguas, que interrumpe la corriente eléctrica si se produce una sobrecarga o un corto circuito.

Greenfield: ver cable blindado.

interruptor: dispositivo que controla el paso de la energía eléctrica que corre por un circuito vivo. Se utiliza para encender y apagar luces y aparatos en general.

medidor: aparato utilizado para medir la cantidad de energía eléctrica que está siendo usada.

Romex: marca registrada de un cable eléctrico recubierto de plástico que se usa habitualmente para instalaciones interiores.

salida: ver **contacto.**

sobrecarga: una demanda de corriente superior a lo que el circuito o los aparatos pueden soportar. Habitualmente da lugar a que se funda un fusible o se dispare un disyuntor.

tablero de servicio: caja metálica situada cerca del punto por donde entra en la casa la energía eléctrica. En el tablero de servicio se distribuye la corriente eléctrica a los circuitos individuales. El tablero de servicio cuenta con disyuntores o fusibles para la protección de cada circuito.

tornillo terminal: punto en que un alambre se conecta a un contacto, interruptor o aparato.

tubo (conduit): tubo de metal o plástico utilizado para proteger los alambres.

UL: abreviatura de los Underwriters Laboratories, organización que prueba los aparatos y productos manufacturados eléctricos para asegurar su confiabilidad.

voltaje (o volts): medida de la electricidad en función de su presión.

wattaje (o watts): medida de la energía eléctrica en función del total que de ella se consume. Pueden calcularse los watts multiplicando los volts por los amperes.

La electricidad y la seguridad

La seguridad debe ser la principal preocupación de quien trabaje con la electricidad. Aun cuando la mayoría de los trabajos eléctricos en el hogar son sencillos y claros, debe tenerse precaución y buen juicio al trabajar con alambres o aparatos eléctricos. El sentido común puede evitar los accidentes.

La norma básica en cuanto a la seguridad es: **corte siempre la energía que va al área o al aparato en que se vaya a trabajar.** Quite el fusible, o abra el disyuntor que controla el circuito con el que se va a trabajar. Asegúrese a continuación de que la energía quedó cortada, usando para ello un probador neón de circuitos (página 18). Sólo una vez terminado el trabajo vuelva a activar el circuito.

Siga las sugerencias de seguridad que se dan en estas páginas. No trate nunca de realizar un trabajo que esté más allá de su capacidad o de su nivel de confianza. No trate nunca de reparar o cambiar el tablero de servicio o la entrada de los cables de energía (páginas 12 a 13). Éstas son tareas para un electricista, y para ellas se requiere que la empresa generadora de la energía corte la que llega a la casa de que se trate.

Corte la energía del circuito exacto de que se trate, retirando el fusible o disparando el disyuntor antes de iniciar el trabajo.

Haga un plano de sus circuitos eléctricos (páginas 30 a 33) para poder activar o desactivar precisamente los circuitos en que haya de intervenir.

Cierre la tapa del tablero de servicio, y coloque un aviso para evitar que otras personas puedan activar el circuito en que usted se encuentra trabajando.

Tenga una lámpara de mano cerca del tablero de servicio, probando sus baterías de manera regular.

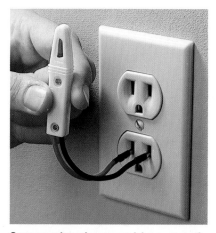

Compruebe siempre si hay energía en el aparato o contacto en que vaya a trabajar, antes de iniciar sus tareas.

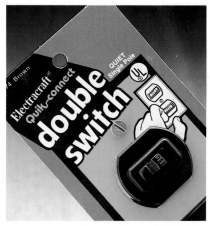

Use solamente partes y dispositivos eléctricos que hayan sido aprobados por los UL en sus pruebas de seguridad.

Use zapatos con suela de goma cuando trabaje con la electricidad. Si el suelo está húmedo, párese sobre una alfombra de hule o una tabla seca.

Utilice escaleras de fibra de vidrio o de madera cuando tenga que hacer trabajos cerca de la entrada de corriente a la casa.

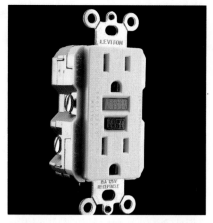

Use contactos GFCI (a prueba de fallas en la toma de tierra) en los casos en que lo determinen así los códigos locales sobre electricidad (páginas 74 a 77).

Proteja a los niños usando tapas sobre los contactos, o contactos con tapa a prueba de niños (página 69).

Use extensiones solamente para conexiones temporales. No las haga pasar nunca por debajo de las alfombras, ni las sujete a las paredes, zócalos u otras superficies.

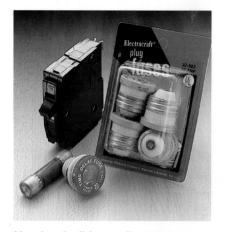

Use los fusibles o disyuntores correctos en el tablero de servicio (páginas 28 a 29). No instale nunca un fusible o disyuntor con amperaje superior al que corresponde a los alambres del circuito.

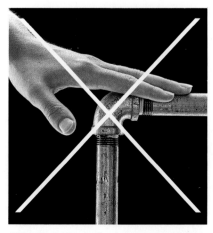

Mientras trabaja en reparaciones eléctricas no toque los tubos metálicos, las llaves o cualquier otro aparato. El metal puede establecer un camino hacia tierra, haciendo que circule la electricidad por su cuerpo.

Nunca altere las patas de una clavija para que entre en un contacto. Si es posible instale un contacto nuevo puesto a tierra.

No taladre paredes o techos sin cerrar previamente el paso de la corriente a los circuitos que puedan estar ocultos. Utilice herramientas con doble aislamiento.

El sistema eléctrico de su hogar

La energía eléctrica que entra en el hogar se genera en grandes **plantas eléctricas.** Éstas están situadas en todas partes dentro del país, y generan la electricidad con turbinas accionadas por agua, por el viento o por vapor. Desde estas plantas la electricidad entra a grandes transformadores que elevan su voltaje hasta medio millón de volts o más.

La electricidad, con estos elevados voltajes, fluye fácilmente por las líneas de alta tensión, hasta llegar a lugares poblados que se encuentran a cientos de kilómetros de las plantas generadoras. Por medio de transformadores "reductores" situados en subestaciones, se reduce el voltaje para su distribución por las líneas que se encuentran en las calles. Unos transformadores de menor tamaño, instalados en los postes **de distribución,** reducen el voltaje que reciben a los 120 volts habitualmente utilizados en las casas.

Las líneas que llevan la corriente a la casa entran por vías subterráneas o por la parte alta de las casas, sujetas a un poste que se denomina entrada **de servicio.** La mayoría de los hogares construidos después de 1950 cuentan con tres alambres que llegan a la entrada del servicio: dos de ellos transportan energía a 120 volts, y el tercero está puesto a tierra y se llama neutral. La energía que llega por las dos líneas a 120 volts pueden combinarse en el **tablero de servicio** para dar corriente a los aparatos que, como los secadores de ropa o los calentadores de agua, requieren para su funcionamiento un voltaje de 240 volts.

Muchos hogares más antiguos cuentan con sólo dos alambres en sus entradas, uno de ellos con 120 volts y otro puesto a tierra. Este viejo servicio a base de dos alambres es inadecuado para los hogares modernos. Poniéndose en contacto con la empresa de electricidad puede lograrse que el servicio con dos alambres sea cambiado a servicio con tres alambres.

La energía que entra a la casa pasa por un **medidor eléctrico** que registra el consumo. La energía pasa a continuación al tablero de servicio, desde donde se distribuye a los circuitos que recorren la casa. El tablero de servicio contiene además fusibles o disyuntores que cortan el suministro en caso de una sobrecarga o de un corto circuito. Ciertos aparatos que funcionan con altos wattajes, por ejemplo los hornos de microondas, van conectados a circuitos especiales que evitan las sobrecargas.

La clasificación de los voltajes determinada por las empresas productoras de energía eléctrica y por los fabricantes, ha venido cambiando a lo largo de los años. La corriente que era de 110 volts cambió a 115 volts, y más tarde a 120 volts. La corriente a 220 volts cambió a 230, y más tarde a 240 volts. En forma análoga, las clasificaciones correspondientes a los contactos, las herramientas, las lámparas y los aparatos en general, cambiaron de 115 a 125 volts. Estos cambios no afectan el funcionamiento de los aparatos modernos conectados a líneas antiguas. Al hacer los cálculos eléctricos, tales como los que aparecen en la sección "Evaluación de los circuitos en cuanto a su capacidad de seguridad", use para sus circuitos los voltajes de 120 ó 240 (páginas 34 a 35).

Las plantas de energía suministran electricidad a miles de hogares y negocios. Los transformadores "elevadores" aumentan el voltaje producido en la planta, logrando que de esta manera la corriente fluya más libremente por las líneas de transmisión a alto voltaje.

Las subestaciones se encuentran cerca de las poblaciones a las que sirven. Éstas reciben la corriente que les llega por las líneas de transmisión a alto voltaje, y lo reducen para su distribución a lo largo de las calles.

Los transformadores instalados en los postes de distribución reducen todavía más el voltaje que les llega, enviando la energía a lo largo de las calles del vecindario. Estos transformadores reducen el voltaje de 10 000 volts a los 120 que se utilizan normalmente en los hogares.

Entrada de la corriente, que sostiene los cables e impide la entrada de lluvia a la casa.

Los alambres de servicio llegan a la casa desde las líneas de suministro de la empresa que genera la energía.

Candelabro

Interruptor de pared

Conexión del interruptor

Circuito separado de 120 voltios para el horno de microondas

Contactos

Interruptores por fallas GFCI.

edidor eléctrico mide la idad de energía sumida y la presenta ro de una carátula de al.

Circuito separado de 240 voltios para el calentador de agua.

Tablero de servicio. Distribuye la energía a los distintos circuitos.

varilla de tierra debe r por lo menos metros, y se entierra a de la casa.

Circuito separado de 120/240 voltios para el secador de ropa.

Alambre de tierra conectado a la varilla de tierra.

Alambre de tierra conectado a la tubería de agua.

e puente, usado para salvar el or de agua y asegurar un paso mpido hacia la toma de tierra.

Partes del sistema eléctrico

La entrada de servicio, la que protege contra el clima, retiene los alambres de entrada a la casa. Tres alambres proveen los 240 volts estándar necesarios para el hogar normal. Algunos hogares pueden contar con sólo dos alambres, que suministran 120 volts únicamente. Este suministro puede cambiarse al de 240 volts acudiendo a la empresa de suministro eléctrico.

El medidor o contador eléctrico mide la cantidad de energía eléctrica consumida. Habitualmente está instalado a un lado de la casa, y va conectado a la entrada de servicio. Un delgado disco metálico gira dentro del medidor cuando se está haciendo uso de la energía. El medidor eléctrico pertenece a la empresa generadora de la electricidad. Deberá acudir a la misma cuando sospeche que su medidor funciona incorrectamente.

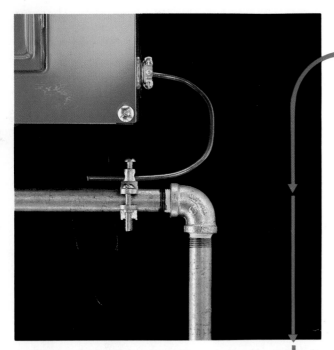

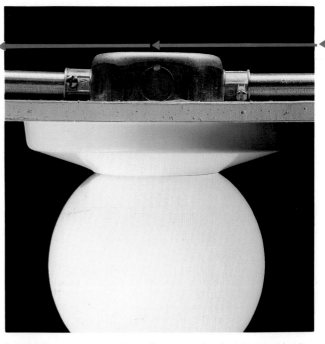

El alambre de tierra conecta el sistema eléctrico a tierra por conducto de una tubería de agua fría y de una varilla de tierra. En caso de que se produzca una sobrecarga o un corto circuito, los alambres de tierra envían el exceso de corriente a tierra, evitando daños.

Las lámparas van unidas directamente al sistema eléctrico del hogar. Normalmente son controladas por medio de interruptores sujetos a la pared. Los dos tipos más comunes de lámpara son el **incandescente** (página 78), y el **fluorescente** (página 88).

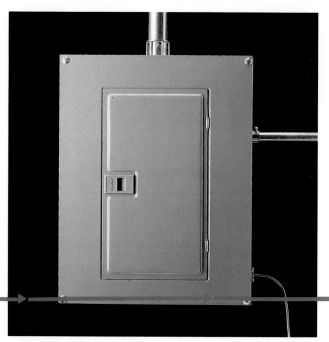

El tablero principal de servicio, llamado a veces **caja de fusibles** o **caja de disyuntores**, distribuye la energía a los circuitos individuales. Los fusibles o los disyuntores protegen cada circuito contra las sobrecargas o los corto circuitos. Los fusibles y los disyuntores se utilizan también para cortar la corriente a circuitos individuales mientras se trabaja en los mismos.

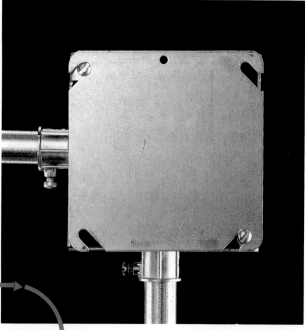

Las cajas eléctricas (de conexión) protegen las conexiones entre los alambres. De acuerdo con los códigos, todas las uniones o conexiones entre alambres deben quedar dentro de una caja de plástico o metálica.

Los interruptores controlan el paso de la corriente a lo largo de los alambres vivos. Pueden estar alambrados para controlar luces, ventiladores, aparatos eléctricos o contactos.

Contactos, llamados a veces **salidas**, brindan acceso, por medio de las clavijas, a la energía eléctrica. El contacto, con un orificio para tierra, a 125 volts, 15 amperes, es el más típico de los sistemas instalados después de 1965. Muchos contactos tienen espacio para dos clavijas, y se llaman contactos dúplex.

Para comprender los circuitos

Un circuito eléctrico es una trayectoria cerrada. Los circuitos domésticos llevan la energía desde el tablero de servicio a toda la casa, y la devuelven al tablero. Varios contactos, interruptores, lámparas u otros aparatos pueden estar conectados a un mismo circuito.

La corriente entra a un circuito por los alambres vivos y regresa por los alambres neutrales. Estos alambres ostentan los colores de un código para su fácil identificación. Los alambres vivos son negros o rojos, y los neutrales blancos o gris claro. Por seguridad, la mayoría de los circuitos incluyen un alambre de cobre desnudo o un alambre a tierra aislado color verde. El alambre de tierra conduce la corriente si se presenta un corto circuito o una sobrecarga, reduciendo así la posibilidad de una descarga eléctrica. El tablero de servicio cuenta también con un alambre de tierra conectado a un tubo metálico de agua y a una varilla de tierra enterrada (páginas 16 a 17).

Si un circuito transporta demasiada energía puede quedar sobrecargado. Un fusible o un disyuntor protegen cada circuito en caso de una sobrecarga. (Páginas 28 a 29.) Para calcular la energía que puede transportar un circuito véase la "Evaluación de los circuitos en cuanto a su capacidad de seguridad" (páginas 34 a 35).

La corriente regresa al tablero de servicio por conducto de un alambre neutral. La corriente pasa así a ser parte de un circuito principal, y sale de la casa por un alambre grueso de tierra, para retornar al transformador instalado en su poste.

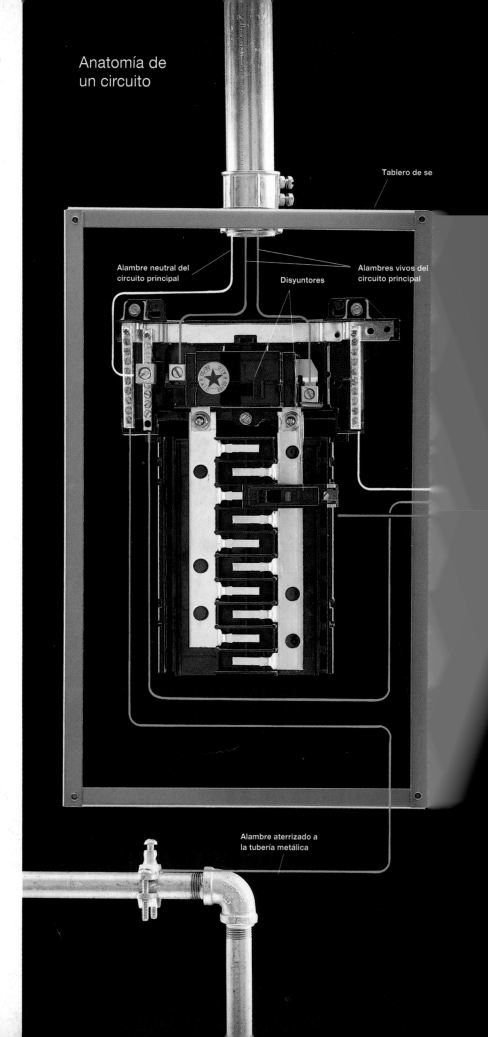

Anatomía de un circuito

Tablero de se

Alambre neutral del circuito principal

Disyuntores

Alambres vivos del circuito principal

Alambre aterrizado a la tubería metálica

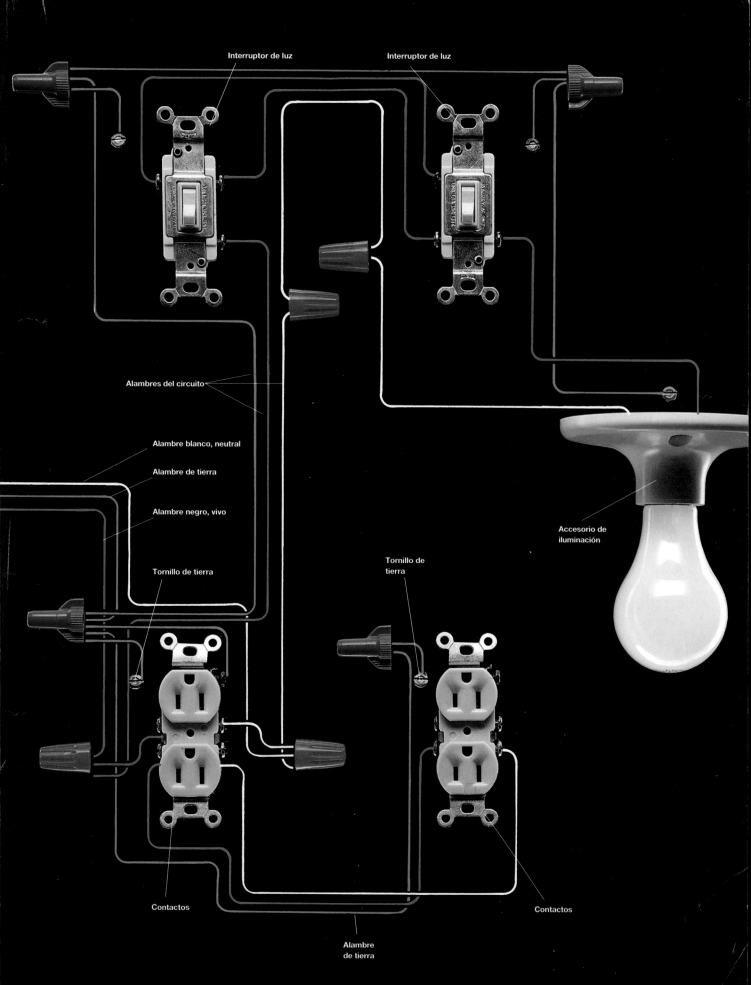

Interruptor de luz

Interruptor de luz

Alambres del circuito

Alambre blanco, neutral

Alambre de tierra

Alambre negro, vivo

Tornillo de tierra

Tornillo de tierra

Accesorio de iluminación

Contactos

Contactos

Alambre de tierra

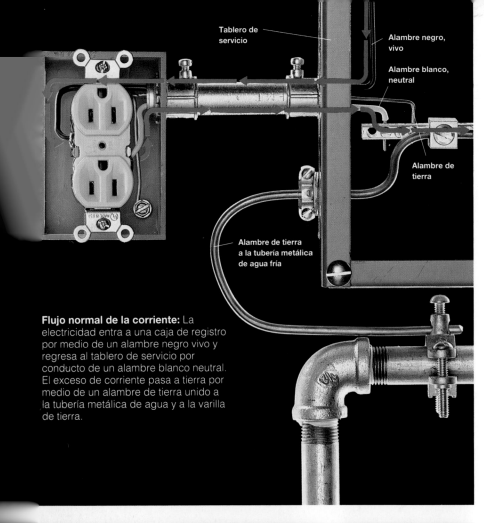

Tablero de servicio

Alambre negro, vivo

Alambre blanco, neutral

Alambre de tierra

Alambre de tierra a la tubería metálica de agua fría

Flujo normal de la corriente: La electricidad entra a una caja de registro por medio de un alambre negro vivo y regresa al tablero de servicio por conducto de un alambre blanco neutral. El exceso de corriente pasa a tierra por medio de un alambre de tierra unido a la tubería metálica de agua y a la varilla de tierra.

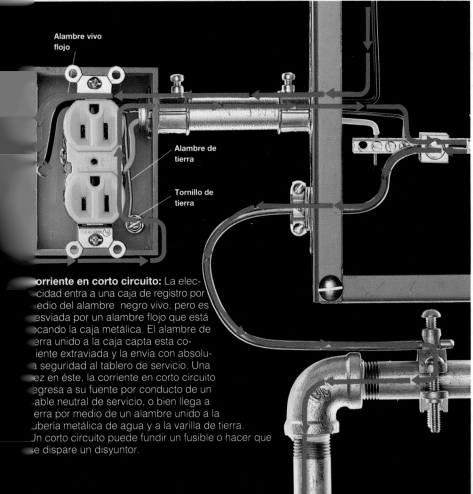

Alambre vivo flojo

Alambre de tierra

Tornillo de tierra

Corriente en corto circuito: La electricidad entra a una caja de registro por medio del alambre negro vivo, pero es desviada por un alambre flojo que está tocando la caja metálica. El alambre de tierra unido a la caja capta esta corriente extraviada y la envía con absoluta seguridad al tablero de servicio. Una vez en éste, la corriente en corto circuito regresa a su fuente por conducto de un cable neutral de servicio, o bien llega a tierra por medio de un alambre unido a la tubería metálica de agua y a la varilla de tierra. Un corto circuito puede fundir un fusible o hacer que se dispare un disyuntor.

Aterrizaje y polarización

La electricidad trata siempre de regresar a su fuente, completando así un circuito continuo. En el sistema doméstico este regreso está asegurado por medio de los alambres blancos neutrales que van al tablero de servicio. Desde el tablero de servicio la corriente regresa al transformador, montado en un poste, por medio de un alambre blanco neutral de servicio.

Un **alambre de tierra** ofrece un camino de retorno adicional a la corriente eléctrica. El alambre de tierra representa un dispositivo de seguridad. Su propósito es el de conducir electricidad si la corriente trata de regresar al tablero de servicio por un camino distinto al del alambre neutral, situación que se conoce como **corto circuito**.

Un corto circuito representa una situación potencialmente peligrosa. Si una caja de conexión, una herramienta o un aparato queda en corto circuito y es tocado por una persona, la electricidad tratará de regresar a su origen pasando a través del cuerpo de dicha persona.

Sin embargo, la electricidad trata siempre de moverse por el camino más fácil. Un alambre puesto a tierra brinda un camino seguro y fácil para que la corriente fluya a su fuente. Si una persona toca una caja de conexiones, una herramienta o un aparato que cuenta con una conexión a tierra, las probabilidades de recibir una descarga eléctrica grave se reducen considerablemente.

Por otra parte, se requiere que los sistemas eléctricos domésticos estén conectados directamente a tierra. La tierra tiene una habilidad única para absorber los electrones de la corriente eléctrica. Si se produce un corto circuito o una sobrecarga, cualquier exceso de electricidad encontrará su camino por el alambre de tierra hasta la tierra, donde resultará inofensivo.

Esta puesta a tierra adicional se completa alambrando el sistema eléctrico a una tubería metálica de agua fría y a una varilla metálica enterrada.

A partir de 1920, la mayoría de los hogares de los Estados Unidos contaron con contactos que aceptaban **clavijas polarizadas**. Aunque no se trataba de un método real de puesta a tierra, la clavija de dos patas polarizada y el contacto estaban diseñados para mantener la corriente circulando por los alambres vivos, negros o rojos, y la corriente neutral circulando por los alambres blancos o gris claro.

El cable blindado y los tubos de metal, instalados frecuentemente durante los años 40, brindaron una verdadera puesta a tierra. Al ser conectados a cajas metálicas de conexión, se establecía un camino metálico de regreso al tablero de servicio.

Los cables modernos cuentan con un alambre de cobre desnudo o con protección verde que sirve como camino a tierra. Este alambre está conectado a todos los contactos y cajas metálicas, y brinda un camino continuo para cualquier corriente en corto circuito. Habitualmente se une un cable con alambre de tierra a los contactos de tres ranuras. Al meter una clavija de tres patas en el contacto, los aparatos y las herramientas quedan protegidos contra corto circuitos.

Utilice un adaptador de contacto para colocar una clavija de tres patas en un contacto de dos ranuras, pero úselo solamente si el contacto está conectado a un alambre de tierra o a una caja eléctrica aterrizada. Los adaptadores tienen unos alambres cortos de tierra que se unen a la tapa de montaje del contacto por medio de su tornillo de montaje. Este tornillo conecta el adaptador a la caja metálica puesta a tierra.

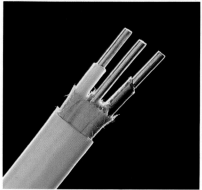

Cable moderno NM (no metálico), que se encuentra en la mayoría de los sistemas instalados después de 1965. Contiene un alambre desnudo de cobre que facilita el aterrizaje de aparatos y cajas de contactos.

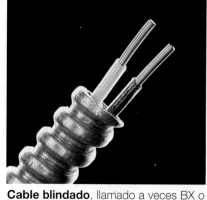

Cable blindado, llamado a veces BX o Greenfield. Tiene una envoltura metálica que sirve como camino a tierra. La corriente en corto circuito fluye por la envoltura metálica hasta el tablero de servicio.

Los contactos polarizados tienen una ranura larga y otra más estrecha. Al usarlos con una clavija polarizada, el contacto, también polarizado, lleva la corriente eléctrica hasta un camino seguro.

Los contactos de tres ranuras son los exigidos por los códigos para las instalaciones en las casas de nueva construcción. Normalmente van conectados a un cable estándar bipolar con tierra (arriba, izquierda).

El contacto adaptador permite insertar clavijas de tres patas en los contactos de dos ranuras. El adaptador puede usarse solamente con los contactos puestos a tierra, y la coleta de tierra debe unirse a la tapa del contacto por medio del tornillo de sujeción de la tapa.

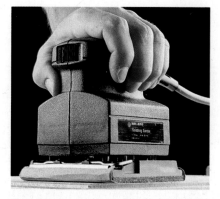

Las herramientas con aislamiento doble tienen su cuerpo hecho de plástico no conductor, para evitar las descargas ocasionadas por corto circuitos. Debido a esta característica, las herramientas con doble aislamiento pueden usarse con contactos no aterrizados sin perder la seguridad.

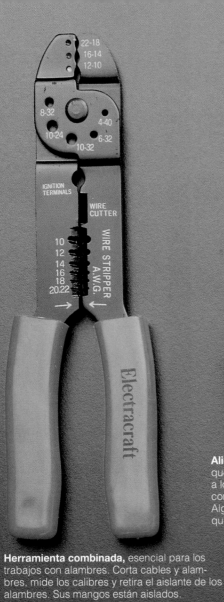

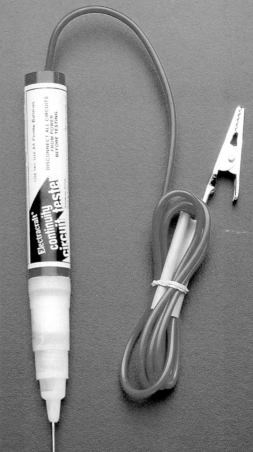

Alicates (pinzas) de puntas agudas, que sirven para doblar y dar forma a los alambres que van a ser conectados a los tornillos terminales. Algunos de ellos cuentan con quijadas de corte para alambres.

Herramienta combinada, esencial para los trabajos con alambres. Corta cables y alambres, mide los calibres y retira el aislante de los alambres. Sus mangos están aislados.

Probador de continuidad, usado para probar interruptores, lámparas y otros aparatos que puedan tener fallas. Cuenta con una batería que genera corriente y un cable que le permite crear un circuito eléctrico (página 52).

Destornillador (desarmador) sin cable que sirve para una gran variedad de tornillos y sujetadores. Es recargable y puede usarse como herramienta manual o eléctrica. Su punta es cambiable, lo que le permite ser usado con tornillos de ranura o en cruz.

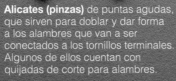

Probador neón de circuitos, usado para comprobar si los alambres están vivos. Hacer esta prueba es esencial para trabajar con seguridad en las instalaciones eléctricas (página 70).

Herramientas para reparaciones eléctricas

Las reparaciones eléctricas en el hogar requieren sólo unas cuantas herramientas poco costosas. Como ocurre con la compra de cualquier tipo de herramientas, adquiera las de mejor calidad para sus reparaciones eléctricas.

Conserve las herramientas limpias y secas, y guárdelas en lugar seguro. Las herramientas que cuentan con quijadas cortantes, como las pinzas (alicates) de puntas agudas y las herramientas de combinación, deberán ser afiladas o eliminadas cuando los cortes pierden su filo.

En los trabajos de reparaciones eléctricas se utilizan varias herramientas de prueba. Los probadores neón de circuitos (página 70) y los probadores de continuidad (página 52), así como los multiprobadores (ver abajo), deben comprobarse periódicamente para asegurarse de que funcionan correctamente. Las baterías de los probadores de continuidad y las de los multiprobadores deberán cambiarse regularmente.

Destornilladores (desarmadores) aislados, con mangos recubiertos de goma para reducir la posibilidad de sufrir descargas accidentales al tocar alambres vivos.

Extractor de fusibles, usado para retirar los fusibles tipo cartucho del bloque de fusibles que se encuentra en los tableros de servicio de modelos antiguos.

Desnudador de cables, que se ajusta a los cables NM (no metálicos). Un filo agudo desnuda los recubrimientos externos de plástico de los cables no metálicos, por lo que el recubrimiento se quita sin causar daño a los alambres.

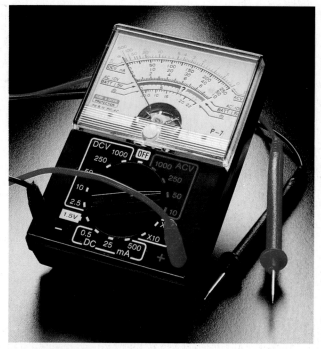

El multiprobador es un instrumento que funciona con baterías y que se utiliza continuamente para medir voltajes eléctricos. También se le usa para comprobar la continuidad en los interruptores, lámparas y demás aparatos eléctricos. Por medio de un control ajustable puede medir corriente con voltajes de 1 a 1000 volts. El multiprobador es herramienta esencial para medir la corriente en los transformadores de bajo voltaje, como los usados para los timbres de la puerta y los sistemas de los termostatos (páginas 96 a 109).

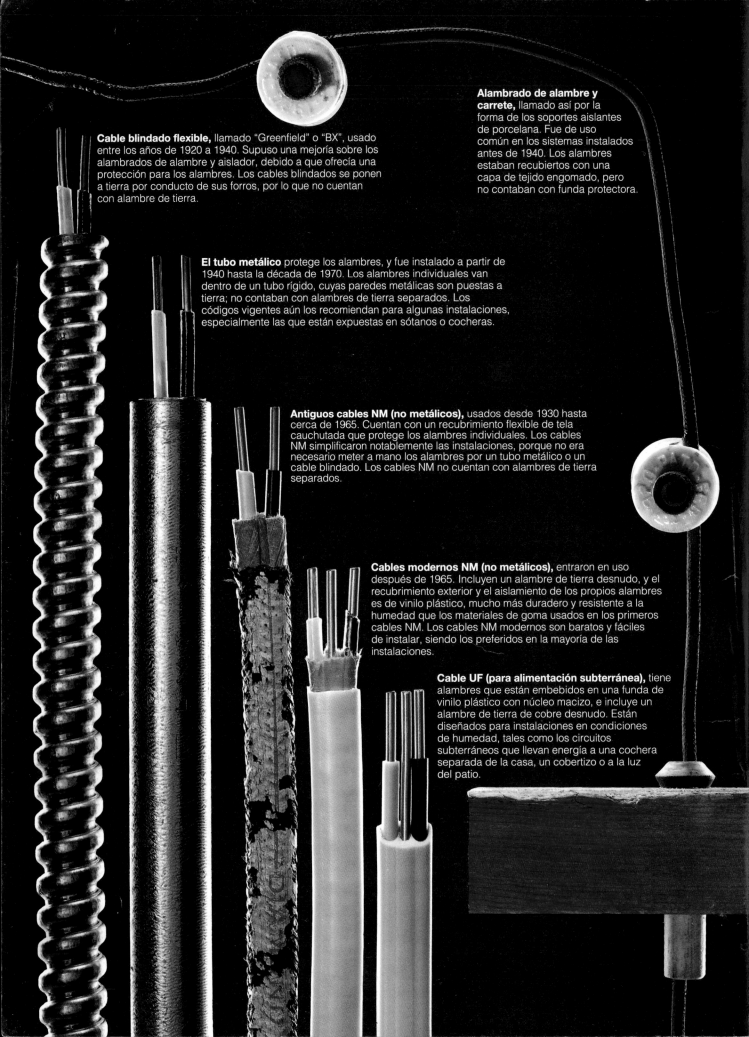

Cable blindado flexible, llamado "Greenfield" o "BX", usado entre los años de 1920 a 1940. Supuso una mejoría sobre los alambrados de alambre y aislador, debido a que ofrecía una protección para los alambres. Los cables blindados se ponen a tierra por conducto de sus forros, por lo que no cuentan con alambre de tierra.

Alambrado de alambre y carrete, llamado así por la forma de los soportes aislantes de porcelana. Fue de uso común en los sistemas instalados antes de 1940. Los alambres estaban recubiertos con una capa de tejido engomado, pero no contaban con funda protectora.

El tubo metálico protege los alambres, y fue instalado a partir de 1940 hasta la década de 1970. Los alambres individuales van dentro de un tubo rígido, cuyas paredes metálicas son puestas a tierra; no contaban con alambres de tierra separados. Los códigos vigentes aún los recomiendan para algunas instalaciones, especialmente las que están expuestas en sótanos o cocheras.

Antiguos cables NM (no metálicos), usados desde 1930 hasta cerca de 1965. Cuentan con un recubrimiento flexible de tela cauchutada que protege los alambres individuales. Los cables NM simplificaron notablemente las instalaciones, porque no era necesario meter a mano los alambres por un tubo metálico o un cable blindado. Los cables NM no cuentan con alambres de tierra separados.

Cables modernos NM (no metálicos), entraron en uso después de 1965. Incluyen un alambre de tierra desnudo, y el recubrimiento exterior y el aislamiento de los propios alambres es de vinilo plástico, mucho más duradero y resistente a la humedad que los materiales de goma usados en los primeros cables NM. Los cables NM modernos son baratos y fáciles de instalar, siendo los preferidos en la mayoría de las instalaciones.

Cable UF (para alimentación subterránea), tiene alambres que están embebidos en una funda de vinilo plástico con núcleo macizo, e incluye un alambre de tierra de cobre desnudo. Están diseñados para instalaciones en condiciones de humedad, tales como los circuitos subterráneos que llevan energía a una cochera separada de la casa, un cobertizo o a la luz del patio.

Alambres y cables

Los alambres se hacen de cobre, aluminio o aluminio recubierto con una delgada capa de cobre. Los alambres de cobre macizo son los mejores conductores de la electricidad, y por ello son los más utilizados. Los de aluminio o aluminio recubierto de cobre requieren de técnicas especiales para su instalación. De ellos se habla en la página 22.

Al grupo formado por dos o más alambres encerrados en una envoltura de metal, caucho o plástico se le denomina **cable** (ver foto en la página opuesta). La cubierta protege los alambres contra los daños. El tubo metálico (conduit), aunque también protege los alambres, no puede considerarse un cable.

Los alambres individuales van cubiertos con un aislamiento de caucho o plástico (vinilo). Se exceptúa el cable de tierra, el que no requiere estar aislado. El aislamiento se codifica en cuanto a su color (ver tabla a la derecha), para identificar el alambre como alambre vivo, neutral o de tierra.

En la mayoría de los sistemas instalados después de 1965 los cables y los alambres son aislados con plástico vinilo. Este aislamiento es tan duradero que puede aguantar tanto como la propia casa.

Antes de 1965 los alambres y los cables se aislaban con caucho. Este tipo de aislamiento tenía una duración esperada de unos 25 años (ver "Evaluación de los alambrados viejos", páginas 122 a 125). Una instalación vieja que aparezca agrietada o dañada puede reforzarse temporalmente envolviendo el alambre con cinta aislante plástica. Sin embargo, la instalación eléctrica vieja que aparezca agrietada o dañada deberá ser examinada por un electricista competente para tener la certeza de que sigue siendo segura.

Los alambres deberán ser del calibre adecuado para el amperaje del circuito (ver tabla a la derecha). Un alambre demasiado delgado puede calentarse peligrosamente. Los alambres se agrupan por categorías de acuerdo con el sistema AWG (American Wire Gauge). Para determinar el calibre de un alambre puede utilizarse el desnudador de alambres o la herramienta de combinación (página 18).

Todo lo que necesita:

Herramientas: desnudador de cables o herramienta de combinación, desarmador y pinzas de puntas agudas.

Materiales: capuchón de rosca, coletas (si son necesarias).

Ver el Libro de notas del inspector:

- Problemas comunes con los cables (páginas 112 a 113).
- Comprobación de las conexiones (págs. 114 a 115).
- Inspección de las cajas eléctricas (págs. 116 a 117).

Tabla de colores de los alambres

Color del alambre	Función
Blanco	Neutral, para transportar corriente a voltaje cero.
Negro	Alambre vivo, transporta corriente a voltaje total.
Rojo	Alambre vivo, transporta corriente a voltaje total.
Blanco con marcas negras	Alambre vivo, transporta corriente a voltaje total.
Verde	Sirve como conductor a tierra.
Cobre desnudo	Sirve como conductor a tierra.

Los alambres individuales están codificados por colores para identificar su función. En algunas instalaciones de circuitos, un alambre blanco puede transportar voltaje. En este caso deberá marcársele con cinta o pintura negra para indicar que se trata de un alambre vivo.

Tabla de calibre de los alambres

Calibre del alambre	Capacidad y uso
# 6	60 amperes, 240 volts; acondicionador de aire, horno eléctrico.
# 8	40 amperes, 240 volts; cocina eléctrica, acondicionador central de aire.
#10	30 amperes, 240 volts; acondicionador de aire en la ventana, secador de ropa.
#12	20 amperes, 120 volts; lámparas, contactos, horno de microondas.
#14	15 amperes, 120 volts; lámparas, contactos.
#16	Extensiones para trabajo ligero.
#18 a 22	Termostatos, timbres, sistemas de seguridad.

Los calibres de los alambres están clasificados según el sistema American Wire Gauge (aparecen a sus tamaños reales). Mientras mayor sea el calibre, menor será el número AWG de clasificación.

Lectura de un cable NM (no metálico)

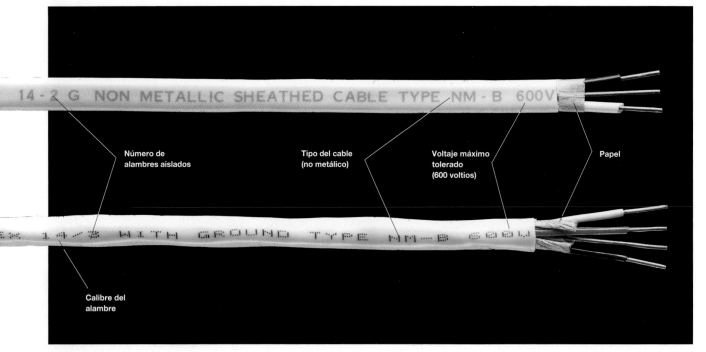

Número de alambres aislados

Tipo del cable (no metálico)

Voltaje máximo tolerado (600 voltios)

Papel

Calibre del alambre

El cable NM (no metálico) está marcado con el número de alambres aislados que contiene. No se cuenta al alambre sin aislante que se utiliza para ponerlo a tierra. Por ejemplo, un cable marcado 14/2 G (o 14/2 WITH GROUND) contiene dos alambres con aislante, calibre 14, más un cable de cobre sin aislar para aterrizarlo.

Si el cable tiene la marca 14/3 WITH GROUND, entonces tiene tres alambres aislados, calibre 14, más su alambre para la tierra; lleva, además, una tira de papel dentro del cable para proteger los alambres. El cable NM también tiene marcada su capacidad máxima de voltaje, según pruebas de Underwriters Laboratories (UL).

Alambre de aluminio

El alambre de poco costo de aluminio se usó en muchos sistemas en lugar del de cobre durante la década de 1960 y principios de 1970, debido al alto

costo del cobre. El alambre de aluminio se identifica por su color plateado y por la marca AL que aparece en su recubrimiento. Existe una variación de éste que tiene un delgado revestimiento de cobre rodeando un núcleo de aluminio macizo.

A principios de 1970 se encontró que el alambre de aluminio era peligroso si se conectaba a un interruptor o contacto cuyos tornillos fueran de latón o de cobre. Debido a que el aluminio se dilata y contrae a un ritmo diferente al del cobre o el latón, pueden quedar flojas las conexiones en algunos casos, llegando a producirse incendios.

El alambrado de aluminio existente en las casas se considera seguro si se han seguido las normas correctas en la instalación, y si los alambres están conectados a interruptores y contactos especiales diseñados para su uso con el aluminio. **Si en su casa tiene instalación hecha con aluminio** deberá consultar a un inspector eléctrico capacitado para que revise el sistema. El aluminio recubierto con cobre no representa riesgo alguno.

Durante algún tiempo hubo compatibilidad entre los interruptores y contactos con aprobación UL y los

alambres AL-CU usados en alambrados tanto de aluminio como de cobre. Estos dispositivos resultaron sin embargo ser peligrosos al conectarse con alambres de aluminio. Los accesorios AL-CU no deben usarse con los alambrados de aluminio.

En 1971 aparecieron los interruptores y contactos diseñados para uso con el alambrado de aluminio. Están marcados con las letras CO/ALR. Ésta es la única marca aprobada para uso con alambres de aluminio. Si su casa tiene alambres de aluminio conectados a un interruptor o contacto que carezca de estas letras, debe cambiarlos por otros que las tengan.

Un interruptor o contacto que no ostente la compatibilidad con el calibre de los alambres impresa en su montaje o caja no deberá ser usado con alambres de aluminio.

Cómo desnudar cables o alambres NM (No metálicos)

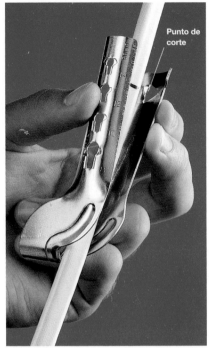

Punto de corte

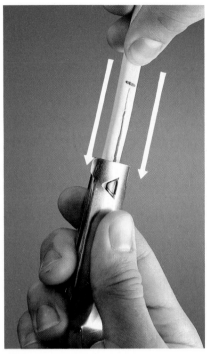

1 Mida y marque el cable a 20 ó 25 cm del extremo. Deslice el desnudador en el cable y apriete fuertemente la herramienta para que el filo de corte pase a través del plástico del recubrimiento.

2 Agarre fuertemente el cable con una mano y empuje el desnudador hacia el extremo del cable para cortar el recubrimiento de plástico.

3 Quite el recubrimiento de plástico así como la envoltura de papel de los alambres individuales.

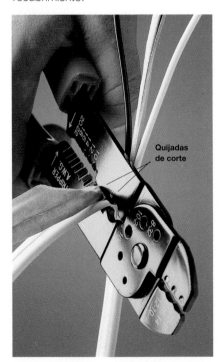

Quijadas de corte

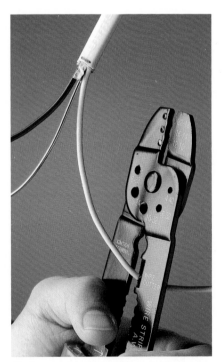

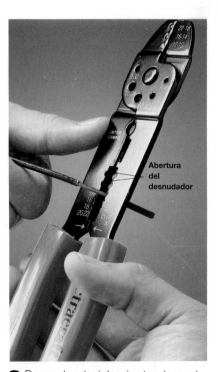

Abertura del desnudador

4 Corte el exceso de recubrimiento de plástico y de las envolturas de papel, usando para ello las quijadas de una herramienta de combinación.

5 Si es necesario, corte los alambres individuales usando las quijadas de corte de la herramienta de combinación.

6 Desnude el aislamiento de cada alambre usando la abertura del desnudador. Escoja la separación que coincida con el calibre del alambre, teniendo cuidado de no mellar o arañar los extremos de los alambres.

Cómo conectar los alambres a los tornillos terminales

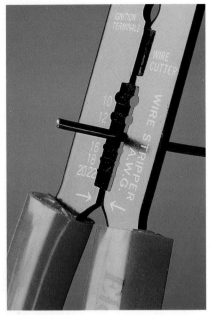

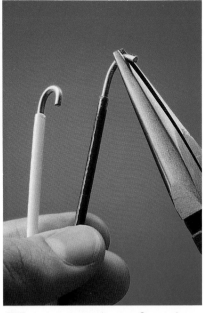

1 Desnude 2 cm (3/4") de aislamiento de cada alambre, usando una herramienta de combinación. Escoja la separación de desnudar que coincida con el calibre del alambre. A continuación apriete la herramienta sobre el alambre y tire fuertemente de éste para desnudarlo.

2 Forme una vuelta en C en el extremo del alambre, usando pinzas de puntas agudas. El alambre no deberá presentar arañazos o mellas.

3 Enganche cada vuelta del alambre a cada uno de los tornillos terminales, de manera que forme sobre ellos una vuelta en el sentido de las manecillas del reloj. Apriete bien los tornillos. El aislamiento debe quedar tocando la cabeza del tornillo. Nunca coloque dos alambres bajo un mismo tornillo terminal. En lugar de hacer esto utilice una coleta de alambre (ver la página opuesta).

Cómo conectar alambres sobre los accesorios a presión

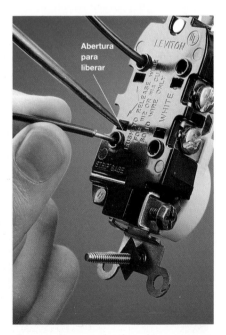

1 Marque la cantidad de aislamiento a quitar de cada alambre usando el calibrador situado en la parte de atrás del interruptor o contacto. Desnude el alambre usando una herramienta de combinación (como en el paso 1 anterior). No utilice nunca accesorios a presión cuando los alambres sean de aluminio.

2 Meta firmemente los alambres de cobre en los orificios a presión situados en la parte de atrás de los interruptores o contactos. Al quedar metidos los alambres no deberán tener cobre visible.

Para quitar un alambre de un accesorio a presión meta un clavo delgado o un desarmador en la abertura para liberar situada junto al alambre. El alambre saldrá fácilmente.

Cómo conectar dos o más alambres con un capuchón roscado

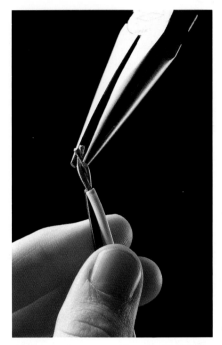

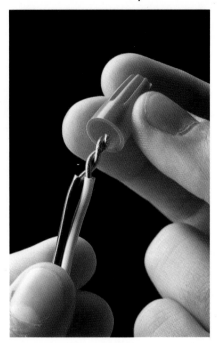

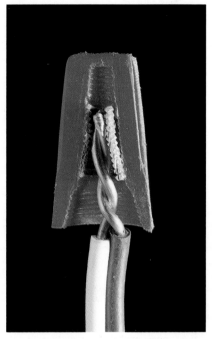

1 Desnude unos 13 mm (1/2") de cada alambre; colóquelos paralelos y enróllelos en dirección de las manecillas del reloj usando pinzas de puntas agudas o una herramienta de combinación.

2 Atornille el capuchón sobre los alambres enrollados. Tire con suavidad de cada alambre para asegurarse de que quedó bien conectado. En una conexión bien hecha no deberá quedar a la vista el cobre desnudo por fuera del capuchón.

El capuchón para alambres (visto en corte) tiene metal roscado que agarra los extremos de los alambres. Al quedar conectados, el capuchón debe cubrir por completo los alambres desnudos.

Cómo conectar dos o más alambres con una coleta

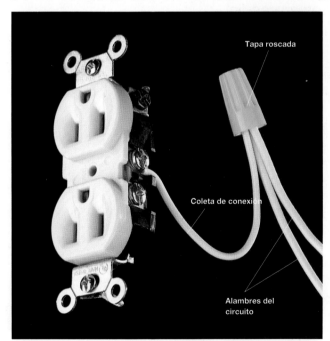

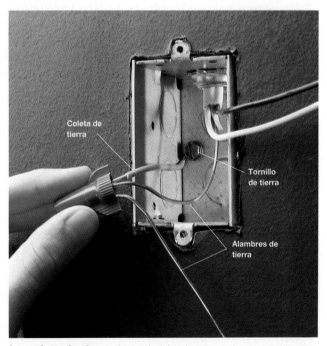

Conecte dos o más alambres por medio de una coleta, a un solo tornillo terminal. La coleta es un trozo corto de alambre. Uno de sus extremos se conecta al tornillo terminal, y el otro a los alambres del circuito por medio de un capuchón roscado. La coleta puede usarse también para alargar un alambre del circuito que sea demasiado corto (página 116).

La coleta de tierra tiene el aislamiento verde, y puede conseguirse con un tornillo de tierra unido a ella. El tornillo de tierra se conecta a la caja metálica puesta a tierra. El extremo de la coleta se conecta a los alambres desnudos de tierra por medio de un capuchón roscado.

Tableros de servicio

Cada hogar cuenta con un tablero de servicio que distribuye la corriente eléctrica a los circuitos individuales. El tablero principal de servicio se encuentra generalmente en el sótano o en el garaje y puede ser fácilmente identificado por su caja metálica. Antes de hacer ninguna reparación en el sistema eléctrico deberá cortarse la energía en el circuito afectado del tablero de servicio. El tablero de servicio deberá estar rotulado, para la más fácil identificación de los circuitos (páginas 30 a 33).

La apariencia de los tableros de servicio varía, dependiendo de lo vieja que sea la instalación. Cuando se trate de alambrados muy viejos éstos pueden operar con sólo dos circuitos para 30 amperes. Los hogares modernos pueden tener servicio a 200 amperes para 30 o más circuitos. Compruebe el tamaño de su servicio leyendo el amperaje impreso en el bloque principal de fusibles o en el disyuntor principal.

Independientemente de la edad, todos los tableros de servicio cuentan con **fusibles** o con **disyuntores** (páginas 28 a 29), que controlan los cir-cuitos y los protegen contra sobrecargas. En general, los tableros viejos usan fusibles, y los más modernos usan disyuntores.

Además del tablero principal de servicio, su sistema eléctrico puede contar con un subpanel para ciertos circuitos de la casa. Un subpanel cuenta con sus propios fusibles o disyuntores, y ha sido instalado para controlar los circuitos que han sido agregados a la instalación original.

El subpanel se asemeja al tablero principal, pero habitualmente es más pequeño. Puede estar instalado junto al tablero principal o cerca de las áreas que sirve. Los garajes y los áticos que han sido modernizados cuentan con sus propios subpáneles. Si en su casa se cuenta con un subpanel, cuide de que esté correctamente rotulado.

Al manipular los fusibles o los disyuntores asegúrese previamente de que el terreno está seco. No desmonte nunca la tapa del tablero de servicio. Una vez que haya abierto el circuito en que vaya a trabajar, recuerde siempre comprobar que dicho circuito está realmente muerto, antes de tocar los alambres.

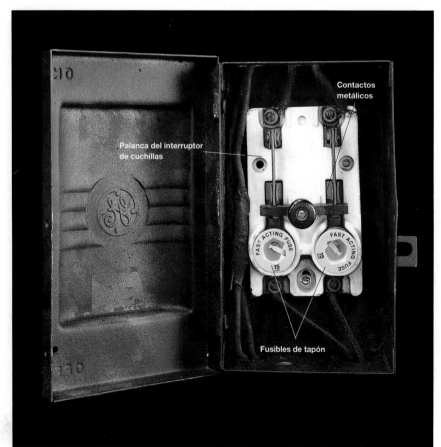

Palanca del interruptor de cuchillas

Contactos metálicos

Fusibles de tapón

Un tablero de servicio de 30 amperes, común en los servicios instalados antes de 1950, se identifica por un tablero de cerámica que recibe dos fusibles y un interruptor de palanca de dos hojas. El soporte de los fusibles está contenido en ocasiones en una caja metálica negra, montada a la entrada o en el sótano. Este tablero de servicio de 30 amperes sólo da energía a 120 volts, y actualmente se le considera inadecuado. Por ejemplo, la mayoría de los programas de préstamos para los hogares, como el FHA (Federal Housing Administration) requieren que el servicio a 30 amperes sea modernizado a 100 amperes o más antes de que pueda tener derecho a una hipoteca.

Para cortar el servicio a un circuito individual en un tablero de 30 amperes debe destornillarse cuidadosamente los fusibles, tocando solamente el reborde aislado del fusible. Para cortar el servicio a toda la casa deberá abrirse el interruptor de cuchillas. Debe tenerse cuidado para no tocar la parte metálica del interruptor.

El tablero de servicio de 60 amperes
se encuentra con frecuencia en las
instalaciones hechas entre 1950 y
1965. Se aloja en una caja metálica gris
que contiene cuatro fusibles de cartucho, más uno o dos bloques que
pueden ser retirados y que contienen
otros cartuchos. Este tipo de tablero se
considera adecuado para una casa de
unos 100 metros cuadrados (1100
pies^2), que no cuenta más que con un
aparato que funcione con 240 volts.
Muchos propietarios ponen al día sus
instalaciones de 60 amperes eleván-
dolas a 100 amperes o más, con lo que
pueden ser puestos en servicio más
focos y aparatos eléctricos. Los programas de préstamos para los hogares
requieren que se modernicen las instalaciones antes de solicitar préstamos.

Para cortar la energía a un circuito,
se destornilla el fusible tocando sólo
su cerco aislante. Si se trata de cortar
la energía a toda la casa se toma la
manija del bloque de fusibles y se tira
rápidamente del mismo. Los circuitos
que alimentan los aparatos más impor-
tantes están controlados por otro bloque de fusibles. Para retirar la energía
a los mismos se retira el bloque de
fusibles que les corresponde.

En las instalaciones que cuentan
con **un tablero de disyuntores** para
100 o más amperes, los trabajos correspondientes se llevaron a cabo en
la década de 1960 y más tarde. El
tablero de disyuntores va alojado en
un gabinete gris de metal que contiene dos filas de disyuntores. El
tamaño del servicio puede determi-
narse leyendo el amperaje correspondiente al disyuntor principal.

Un tablero de servicio de 100
amperes es actualmente el estándar
mínimo para las casas de nueva construcción. Se le considera adecuado
para una casa con hasta tres aparatos eléctricos grandes. Sin embargo, casas de mayor tamaño y con
más aparatos eléctricos requieren un
tablero de servicio que pueda suministrar 150 amperes o más.

Para cortar la energía a circuitos
individuales en un tablero que cuente
con disyuntores, se coloca la palanca
del que corresponda en la posición
OFF (apagado). Para cortar la energía a toda la casa, el disyuntor principal se coloca en OFF (apagado).

Bloque principal
de fusibles

Fusible de tapón

Tapa
protectora

Bloque de fusibles
de los aparatos

Índice del
tablero

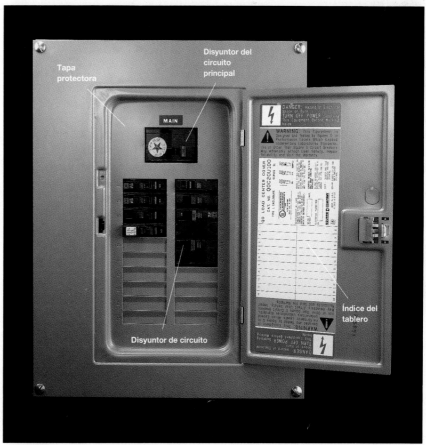

Tapa
protectora

Disyuntor del
circuito
principal

Disyuntor de circuito

Índice del
tablero

Fusibles y disyuntores

Los fusibles y los disyuntores son dispositivos de seguridad destinados a proteger los circuitos eléctricos contra corto circuitos y sobrecargas. Los fusibles y los disyuntores están situados en el tablero principal.

La mayor parte de los tableros instalados antes de 1965 confiaban en los fusibles para la protección de los circuitos individuales. Los fusibles roscables protegen los circuitos de 120 volts que suministran luz y los contactos. Los fusibles de cartucho de 240 volts protegen los circuitos de 240 volts y el interruptor principal del tablero de servicio.

Dentro de cada fusible se encuentra una tira de aleación metálica por la que pasa la corriente. Si un circuito se sobrecarga (páginas 34 a 35), la tira de metal se funde, y detiene el paso de la corriente. Un fusible debe coincidir con el amperaje correspondiente al circuito. Nunca debe cambiarse un fusible fundido por otro de mayor amperaje.

En la mayoría de los tableros de servicio instalados después de 1965 son los disyuntores los que protegen y controlan los circuitos individuales. Los disyuntores de un solo polo protegen los circuitos de 120 volts, y los de doble polo protegen los circuitos de 240 volts. El amperaje correspondiente a los disyuntores de circuito va desde 15 hasta 100 amperes.

Cada disyuntor cuenta con una tira permanente de metal que se calienta y se tuerce cuando pasa la corriente por ella. Si un circuito está sobrecargado, el metal de dentro del disyuntor se tuerce lo suficiente para "disparar" el interruptor y detener el paso de corriente. Si un disyuntor de un circuito se dispara frecuentemente, aunque la demanda de energía sea pequeña, puede ocurrir que el mecanismo del disyuntor esté gastado. En este caso deberá ser un electricista el que cambie los disyuntores que lo requieran.

Cuando un fusible se funde, o un disyuntor se dispara, la causa más frecuente es que haya demasiadas luces y aparatos conectados a los contactos, los que toman mucha energía de aquel circuito. En este caso deben cambiarse los aparatos a otros circuitos, cambiando a continuación el fusible o cerrando el disyuntor. Si el fusible vuelve a fundirse, o el disyuntor se dispara de nuevo, puede haber un corto circuito en el sistema. Si se sospecha de un corto circuito deberá llamarse a un electricista.

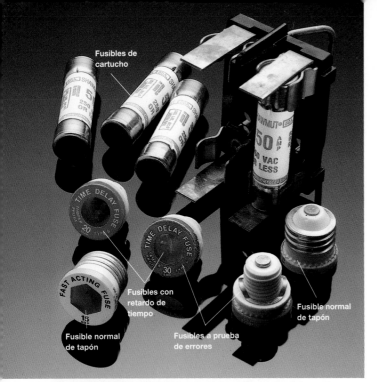

Fusibles de cartucho

Fusibles con retardo de tiempo

Fusible normal de tapón

Fusible normal de tapón

Fusibles a prueba de errores

Fusible normal de tapón

Los **fusibles** se utilizan en los tableros de servicio antiguos. Los tipo tapón controlan por lo regular circuitos de 120 voltios, con cargas de 15, 20 ó 30 amperes. Los fusibles de estrella tienen cuerdas que se ajustan sólo en el alojamiento correspondiente, lo que hace imposible conectar un fusible de la medida equivocada. Los fusibles de acción retardada absorben la sobrecarga sin fundirse. Los fusibles de cartucho controlan circuitos de 240 voltios, con cargas que van de 30 a 100 amperes.

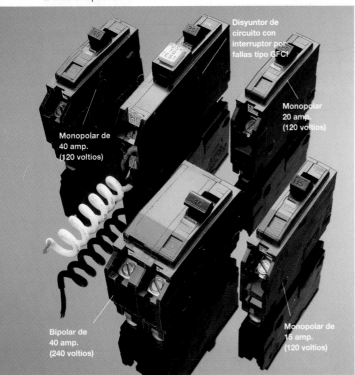

Disyuntor de circuito con interruptor por fallas tipo GFCI

Monopolar 20 amp. (120 voltios)

Monopolar de 40 amp. (120 voltios)

Bipolar de 40 amp. (240 voltios)

Monopolar de 15 amp. (120 voltios)

Los **disyuntores de circuito** se utilizan en los tableros de servicio nuevos. Los disyuntores monopolares tienen capacidad para controlar circuitos de 120 voltios, con cargas de 15 a 20 amperes. Los disyuntores bipolares están calculados para que controlen circuitos de 240 voltios, con cargas de 20 a 50 amperes. Los disyuntores de circuito tipo GFCI pueden proporcionar protección contra descargas en todo el circuito.

Todo lo que necesita:

Herramientas: extractor de fusibles (sólo si se usan éstos).

Materiales: fusibles de recambio.

Cómo identificar y cambiar un fusible de tapón fundido

1 Vaya al tablero de servicio y localice el fusible fundido. Si se ve claramente que la tira de metal está fundida (derecha), es señal de que el circuito estaba sobrecargado. Si la ventanilla del fusible aparece descolorida (izquierda) será señal de que hay un corto circuito.

2 Destornille el fusible, teniendo cuidado de tocar solamente el anillo aislante del fusible. Cámbielo por otro fusible del mismo amperaje.

Cómo desmontar, probar y cambiar un fusible de cartucho

1 Retire el fusible tirando el asa del bloque de fusibles con suficiente fuerza.

2 Desmonte los fusibles del bloque usando un extractor de fusibles.

3 Pruebe cada uno de los fusibles usando un probador de continuidad. Si el probador se enciende, el fusible está bien. Si el probador no se enciende cambie el fusible por otro que tenga el mismo amperaje.

Cómo cerrar de nuevo un disyuntor

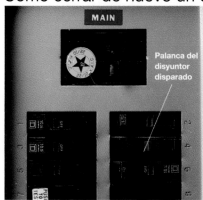

1 Abra el tablero de servicio y localice el disyuntor disparado. La palanca del mismo se encontrará en la posición de apagado (OFF), o en una posición intermedia entre ON y OFF (abierto y cerrado).

2 Reactive el disyuntor que se haya disparado; para esto, presione la palanca hasta colocarla en la posición de apagado (OFF) y después presione para pasarla a la posición de encendido (ON).

Pruebe los disyuntores GFCI (a prueba de fallas en la tierra), apretando el botón de prueba (TEST). El disyuntor deberá saltar a la posición de apagado (OFF). Si no lo hace, el disyuntor está mal y deberá ser cambiado por un electricista.

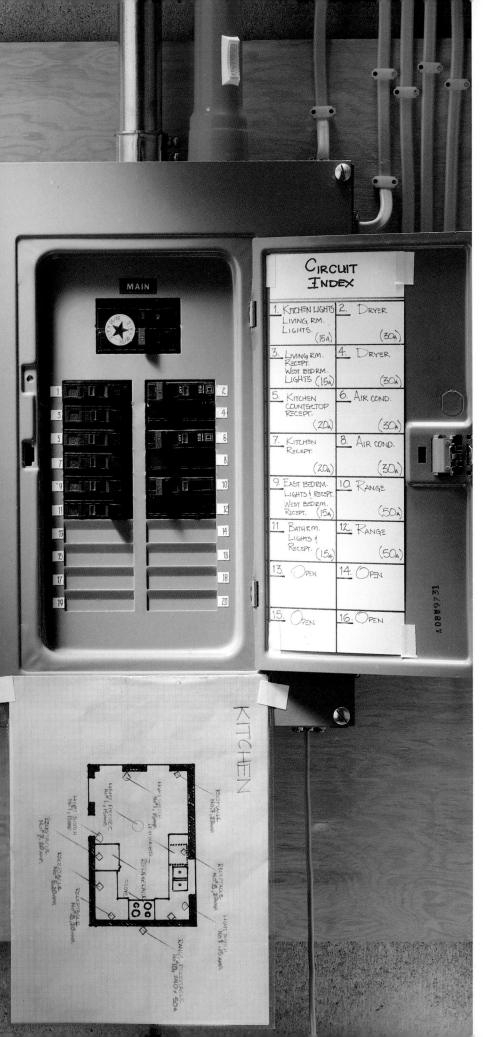

Diagramado de los circuitos y rotulado del tablero de servicio

El llevar a cabo reparaciones en un sistema eléctrico es más fácil y seguro si se cuenta con un diagrama de los circuitos eléctricos del hogar. En un diagrama aparecen todas las luces, aparatos, interruptores y contactos conectados a cada circuito. El diagrama permite rotular el tablero de servicio de manera que pueda cortarse el circuito correcto cuando sea necesario.

Diagramar todos los circuitos y rotular el tablero principal de servicio requiere de cuatro a seis horas. Si el tablero fue rotulado por un dueño anterior de su casa, será una buena idea hacer un nuevo diagrama, para asegurarse de que el anterior estaba bien en lo relativo a la rotulación de los circuitos.

El método más sencillo para diagramar los circuitos consiste en apagar uno por vez, y comprobar cuáles son las luces y contactos accionados por aquel circuito. Todos los aparatos eléctricos deberán funcionar correctamente antes de empezar.

Un diagrama de servicio le ayudará a evaluar las demandas eléctricas de cada uno de los circuitos (páginas 34 a 35). Esta información le servirá para determinar si su sistema eléctrico requiere ser puesto al día.

Todo lo que necesita:

Herramientas: plumas, probador de circuitos.

Materiales: papel para diagramas, cinta adhesiva.

Ver el Libro de notas del inspector:

• Inspección de los tableros de servicio (página 111).

Cómo diagramar los circuitos y rotular el tablero de servicio

1 Haga un esquema de cada recinto de la casa en papel para gráficas. Incluya las entradas, el sótano y el ático, así como las áreas de servicio. Puede también usar una copia heliográfica de la casa.

2 Haga un diagrama del exterior de la casa, el garaje o cualquier otra estructura separada que cuente con alambrado eléctrico.

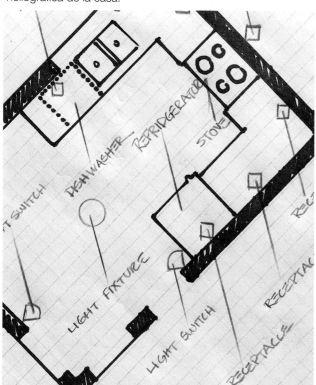

3 En cada diagrama indique los lugares en que se encuentran todos los contactos, luces, interruptores, aparatos eléctricos, timbres de puerta, termostatos, ventiladores, calentadores, y acondicionadores del aire.

4 En el tablero principal de servicio numere cada circuito (disyuntor o fusible). Dispare todos los disyuntores, o bien afloje todos los fusibles, pero deje encendido el disyuntor o interruptor principal.

(continúa en la página siguiente)

Cómo diagramar los circuitos y rotular el tablero de servicio (continuación)

5 Ponga en servicio un circuito por vez, apretando el fusible suelto o activando el disyuntor. Observe la clasificación de amperaje señalada en la palanca del disyuntor o en el reborde del fusible (página 28).

6 Encienda las luces, contactos y aparatos eléctricos de toda la casa, e identifique cuáles son los que reciben la energía por el circuito. Escriba el número del circuito y el amperaje en un trozo de cinta adhesiva. Esta anotación temporal resulta útil como referencia.

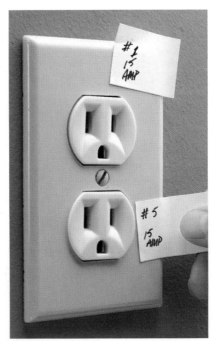

7 Compruebe si hay energía en los contactos, utilizando para ello un probador neón. Deberán comprobarse las dos mitades del contacto.

8 Indique qué circuito da energía a cada contacto. Aunque no es normal, debe recordarse que en ciertos casos un contacto puede estar alambrado de manera que cada una de sus mitades esté energizada por un circuito distinto.

9 Para comprobar la energía que llega al horno de la estufa se colocará el termostato en la posición de máxima temperatura. Los hornos y sus termostatos de bajo voltaje se encuentran en el mismo circuito. Si el circuito está vivo, comenzará a funcionar el horno. La colocación a la temperatura más baja hará funcionar el acondicionador central del aire.

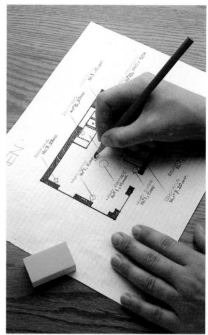

10 Compruebe si llega energía al calentador de agua, colocando el termostato a la temperatura máxima. Si el circuito tiene energía comenzará a calentarse el agua.

11 Compruebe si tiene energía el timbre o campana de la puerta, apretando su pulsador.

12 Indique en el diagrama el voltaje y el amperaje de cada contacto, interruptor, lámpara de luz y aparato eléctrico.

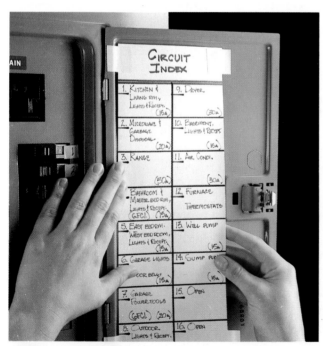

13 Pegue sobre la puerta del tablero de servicio una lista que facilite un breve resumen de todos los aparatos, contactos y luces que reciben la energía de cada circuito.

14 Pegue los diagramas terminados al tablero principal de servicio, y asegúrese de que todos los circuitos reciben energía.

Evaluación de los circuitos en cuanto a su capacidad de seguridad

Cada uno de los circuitos de un hogar tiene su propia "capacidad de seguridad". Una capacidad de seguridad es la cantidad total de energía que pueden transportar los alambres sin disparar los disyuntores o fundir los fusibles. Según el National Electric Code la energía usada para accionar los aparatos de luz, las herramientas y los aparatos eléctricos, la cual se denomina "demanda", no debe exceder la capacidad del circuito.

El determinar la capacidad de seguridad de un circuito y su demanda de energía es fácil. Estos sencillos cálculos deben hacerse para evitar la posibilidad de que se disparen los disyuntores o se fundan los fusibles, así como para ayudar a planear la ubicación que se dará a los nuevos aparatos o luces conectadas a los contactos.

Se determina en primer lugar el amperaje y el voltaje del circuito. Si se cuenta con un diagrama al día (páginas 30 a 33) el diagrama indicará estos valores. En caso contrario se abre la puerta del tablero de servicio y se lee el amperaje indicado en el disyuntor o en el reborde del fusible. El tipo del disyuntor o del fusible (página 28) indica el voltaje del circuito.

Use el amperaje y el voltaje indicados para determinar la capacidad de seguridad del circuito. Las capacidades de seguridad de los circuitos de la mayoría de los hogares aparecen en la tabla situada a la derecha.

Las capacidades de seguridad pueden calcularse multiplicando el amperaje por el voltaje. El resultado nos da la capacidad total expresada en **watts**, la unidad de medida de la energía eléctrica. Para determinar la capacidad de seguridad debe disminuirse en un 20 por ciento el total encontrado.

Compare a continuación la capacidad de seguridad del circuito con la demanda total de energía. Para encontrar la demanda se suman los watts de cada uno de los aparatos y lámparas del circuito. En el caso de las luces, use la cifra impresa en el foco, en la que se indican los watts que éste consume, y los correspondientes a los aparatos eléctricos se encuentran en las etiquetas impresas pegadas a los mismos. En la tabla que aparece en la página siguiente se indican los consumos aproximados de los aparatos domésticos. Si usted no está seguro del consumo de uno de sus aparatos, utilice el más elevado de los indicados en la tabla para hacer sus cálculos.

Compare la demanda total con la capacidad de seguridad. La demanda no debe exceder la capacidad del circuito. Si lo hace deberá cambiar algunas lámparas o aparatos a otro circuito. O bien asegúrese de que la demanda de las lámparas o aparatos encendidos **al mismo tiempo** no excede la capacidad de seguridad del circuito.

Amperes x Volts	Cap. total	Cap. de seg.
15 A x 120 V =	1800 watts	1440 watts
20 A x 120 V =	2400 watts	1920 watts
25 A x 120 V =	3000 watts	2400 watts
30 A x 120 V =	3600 watts	2880 watts
20 A x 240 V =	4800 watts	3840 watts
30 A x 240 V =	7200 watts	5760 watts

Cómo encontrar el wattaje y el amperaje

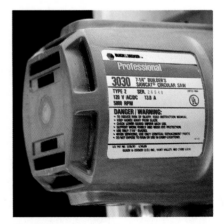

El wattaje de los focos aparece impreso en la parte alta del foco. En caso de que una lámpara cuente con más de un foco, deberá sumarse el wattaje correspondiente a cada foco para determinar el total correspondiente a la lámpara.

El wattaje de los aparatos aparece frecuentemente impreso en la etiqueta del fabricante. En caso contrario utilice los datos que aparecen en la tabla de la página opuesta, en la que se indican los consumos típicos.

Puede usarse el amperaje para encontrar el wattaje de un aparato eléctrico. Se multiplica el amperaje por el voltaje del circuito. Por ejemplo, una sierra circular de 13 amperes a 120 volts consume 1560 watts.

Ejemplo de evaluación de un circuito

Circuito # _6_ **Amps.** _20_ **Volts** _120_ **Cap. total** _2400_ **(watts) Cap. de seguridad** _1920_ **(watts)**

Aparato o lámpara	Notas	Wattaje calculado
Refrigerador	uso constante	480
Luz del techo	3 focos de 60 watts	180
Horno de microondas		625
Abrelatas eléctrico	uso ocasional	144
Estéreo	altavoz portátil	300
Luz techo (vestíbulo)	2 focos de 60 watts	120
	Demanda total:	1849 **(watts)**

Fotocopie este ejemplo de evaluación de un circuito para conservar datos de la demanda de energía de cada circuito. Las palabras y números escritos en azul no salen en la fotocopia. En este ejemplo del circuito de la cocina, la demanda de energía está muy próxima a la capacidad de seguridad. Conectar otro aparato, por ejemplo una estufa eléctrica, puede sobre-cargar el circuito y provocar que se funda el fusible o se dispare el disyuntor.

Clasificación típica por wattaje (Circuito de 120 volts excepto en los casos en que se indica otra cosa)

Aparato	Amperes	Watts	Aparato	Amperes	Watts
Acon. central de aire	21(240-v)	5040	Secador del pelo	5 a 10	600 a 1200
Acon. de aire de ventana	6 a 13	720 a 1560	Calentador (portátil)	7 a 12	840 a 1440
Licuadora	2 a 4	240 a 480	Horno microondas	4 a 7	480 a 840
Parrilla	12.5	1500	Coci. (horno/estufa)	16 a 32 (240-v)	3840 a 7680
Abrelatas	1.2	144	Refrigerador	2 a 4	240 a 480
Sierra circular	10 a 12	1200 a 1440	Acanalador (Router)	8	960
Cafetera	4 a 8	480 a 960	Lijadora (portátil)	2 a 5	240 a 600
Secador de ropa	16.5 a 34 (240-v)	3960 a 8160	Lijadora (de mesa)	7 a 10	840 a 1200
Plancha	9	1080	Máquina de coser	1	120
Computadora	4 a 7	480 a 840	Estéreo	2.5 a 4	300 a 480
Lavaplatos	8.5 a12.5	1020 a 1500	Televisión (b. y n.)	2	240
Taladro (portátil)	2 a 4	240 a 480	Televisión (color)	2.5	300
Ventilador (de techo)	3.5	420	Tostador	9	1080
Ventilador (portátil)	2	240	Emp. de basura	4 a 8	480 a 960
Congelador	2 a 4	240 a 480	Aspiradora	6 a 11	720 a 1320
Sartén eléctrico	9	1080	Wafflera	7.5	900
Horno, gas a presión	6.5 a 13	780 a 1560	Lavadora	12.5	1500
Triturador de basura	3.5 a 7.5	420 a 900	Calentador de agua	10.5 a 21 (240-v)	2520 a 5040

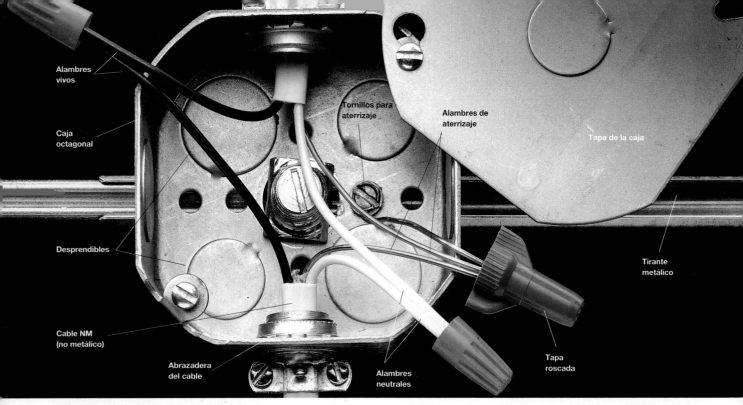

Alambres vivos

Caja octagonal

Desprendibles

Cable NM (no metálico)

Abrazadera del cable

Tornillos para aterrizaje

Alambres de aterrizaje

Tapa de la caja

Tirante metálico

Tapa roscada

Alambres neutrales

Las conexiones entre los alambres para las lámparas de techo están habitualmente dentro de **cajas octagonales**. Los cables entran a la caja por orificios con tapas desprendibles y se sujetan con grapas para los cables. Debido a que la lámpara se une directamente a la caja, ésta debe quedar firmemente anclada a un miembro de la armazón. Es frecuente clavarla directamente a un madero del techo. Se dispone sin embargo, de tirantes metálicos que permiten sujetar la caja octagonal para soportar lámparas hasta de 16 kg (35 libras) de peso. La caja debe quedar cubierta con una tapa que ajuste perfectamente, y la caja no debe presentar orificios que no se usen.

Cajas de registro

El código eléctrico requiere que las conexiones entre cables o alambres queden dentro de cajas metálicas o de plástico de un modelo aprobado. De esta manera se protegen las vigas del techo u otros materiales inflamables contra posibles chispas eléctricas. En caso de que en su casa haya conexiones de alambres o uniones entre cables que estén a la vista, deberá proteger su hogar instalando cajas eléctricas (de conexión).

Las cajas eléctricas tienen diferentes formas. Las rectangulares o cuadradas se usan para los interruptores y contactos. Las rectangulares de 5 x 7.5 cm (2 x 3 pulgadas) se utilizan para interruptores simples o contactos dúplex. Las cuadradas de 10 x 10 cm (4 x 4 pulgadas) se usan cuando resulta conveniente instalar dos interruptores o contactos en una sola caja, lo que frecuentemente se hace en las cocinas o vestíbulos. Las cajas octagonales se utilizan con las lámparas de techo, y contienen las conexiones de las mismas.

La profundidad de las cajas metálicas o de plástico es variable. Debe tener la profundidad suficiente para que se instale o retire fácilmente de ella un interruptor o contacto, sin comprimir o dañar los alambres del circuito. Deberá cambiarse una caja pequeña por otra adecuada usando como guía la tabla de cajas eléctricas (a la derecha). Los códigos eléctricos indican también que las cajas eléctricas

deben permanecer accesibles, no cubriéndolas en ningún caso con muros encajados o con papel.

Vea el Libro de notas del inspector:

- Inspección de las cajas eléctricas (páginas 116 a 117).
- Problemas comunes con los cables (páginas 112 a 113).

Tabla de las cajas eléctricas

Forma de la caja		Núm. máximo de alambres individuales en la caja*	
		Calibre 14	Calibre 12
2" x 3" rectangular	2 1/2" de fondo	3	3
	3 1/2" de fondo	5	4
4" x 4" cuadrada	1 1/2" de fondo	6	5
	2 1/8" de fondo	9	7
Octagonal	1 1/2" de fondo	4	3
	2 1/8" de fondo	7	6

*No contar las coletas

Cajas eléctricas más comunes

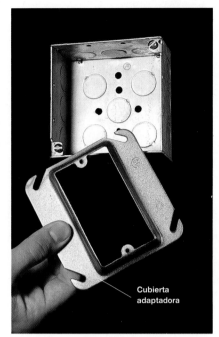

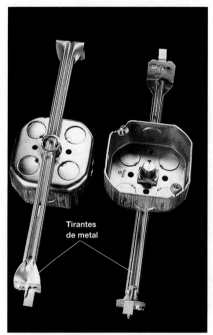

Las cajas rectangulares se usan con los interruptores de pared y los contactos dúplex. La caja sencilla rectangular que aparece en la foto puede tener costados desprendibles, lo que permite unir varias cajas para formar cajas de doble tamaño.

Las cajas cuadradas de 10 x 10 cm. (4 x 4 pulgadas) son lo bastante grandes para alojar la mayoría de las conexiones necesarias. Se usan para unir cables y para la instalación de interruptor y contacto. Para instalar un solo interruptor o contacto en una de estas cajas deberá usarse una tapa adaptadora.

Las cajas octagonales con tirantes se ajustan entre las vigas del techo. Los tirantes se extienden para ajustarse a cualquier espacio entre las vigas, y se clavan o atornillan al armazón del techo.

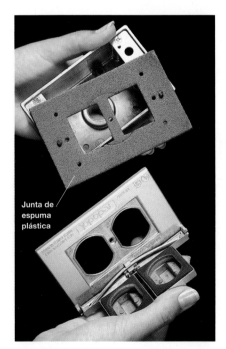

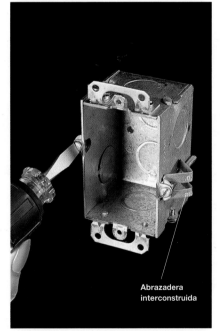

Las cajas para el exterior tienen costados sellados y empaques de caucho espumoso para aislarlas de la humedad. Un recubrimiento resistente a la corrosión protege las partes metálicas.

Las cajas de retroajuste dan un tamaño mayor a las cajas antiguas. Uno de sus tipos (ver la foto) cuenta con grapas que se ajustan contra la parte interior de una pared y mantienen la caja en su sitio. En las páginas 40 a 41 se observa una de estas cajas con grapas flexibles.

Las cajas de plástico son comunes en las nuevas construcciones. Este tipo de cajas puede ser usado solamente con cable NM (no metálico). Con la caja vienen incluidos unos clavos que sirven para anclar la caja a las partes del armazón.

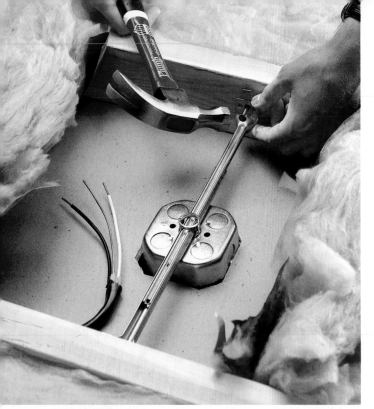

Las cajas metálicas eléctricas se requieren para todas las conexiones entre alambres. La caja protege a la madera y a otros materiales inflamables contra las chispas eléctricas (arcos). Las cajas eléctricas deben ir siempre ancladas a las juntas o largueros.

Instalación de una caja de registro

Instale una caja eléctrica en los casos en que se encuentren expuestos los empalmes entre alambres o cables. En los hogares viejos es frecuente ver conexiones expuestas con los alambres unidos a las lámparas. Estas conexiones expuestas (página 113) pueden encontrarse en las zonas en que el cable NM (no metálico) corre a través de vigas o travesaños de la pared, lo que puede verse en los sótanos no acabados o en la sala de calderas.

Al instalar una caja de conexiones asegúrese de que cuenta con suficiente cable para que quede dentro de la caja un largo de unos 20 cm (8 pulgadas). Si los alambres son demasiado cortos puede agregárseles unas coletas (página 116). Si la caja eléctrica es de metal, asegúrese de que haya una coleta de tierra unida a la caja.

Todo lo que necesita:

Herramientas: probador neón de circuitos, desarmador, martillo, herramienta de combinación.

Materiales: tornillos o clavos, caja eléctrica, conectores de cables, coletas de alambre y capuchones roscados.

Cómo instalar una caja eléctrica para empalmes de cables

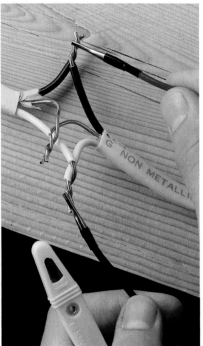

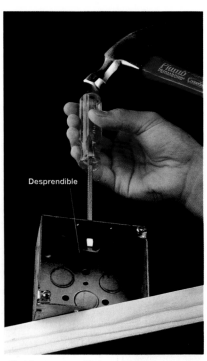

Desprendible

1 Corte la energía a los cables o alambres del circuito en el tablero de servicio. Elimine con cuidado todos los residuos de cinta aislante o de capuchón roscado del empalme expuesto. Evite los contactos con los extremos desnudos de los alambres hasta que haya probado con el probador neón que los cables están muertos.

2 Compruebe si hay energía. Toque una punta del probador de circuitos a los cables negros vivos, y la otra punta al alambre neutral. El probador no debe encender. Si lo hace, los alambres están todavía vivos. Corte la energía en los circuitos correctos del tablero de servicio. Desconecte a continuación los alambres.

3 Abra un orificio quitando la tapa eliminable por cada cable que haya de entrar a la caja, usando para ello el desarmador y el martillo. Los orificios restantes deberán quedar tapados.

4 Ancle la caja eléctrica a un elemento de madera del armazón, usando tornillos o clavos.

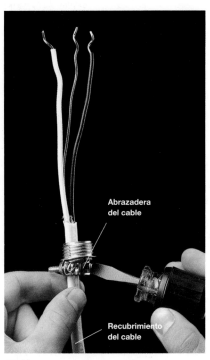

Abrazadera del cable

Recubrimiento del cable

5 Haga pasar cada cable por un casquillo de sujeción. Apriételo con un desarmador, cuidando de no excederse al apretar. Un exceso de presión puede dañar el cable.

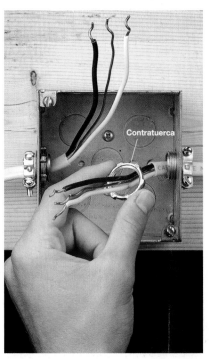

Contratuerca

6 Meta los cables a la caja eléctrica y atornille una contratuerca a cada uno de los manguitos.

Contratuerca

Patas

7 Apriete las contratuercas empujando contra sus patas con el extremo de un desarmador.

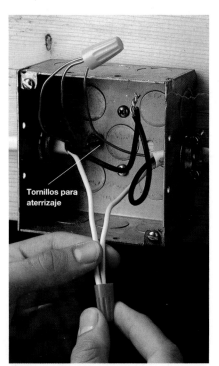

Tornillos para aterrizaje

8 Use capuchones roscados para reconectar los alambres. Con una coleta conecte los alambres de tierra al tornillo verde de tierra, situado al fondo de la caja.

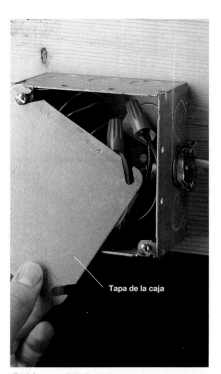

Tapa de la caja

9 Meta cuidadosamente los alambres en la caja y coloque la tapa. Conecte la energía al circuito en el tablero principal. Asegúrese de que la caja se mantiene accesible, y que no será cubierta con paredes o techos cuando éstos se terminen.

Cambio de una caja de registro

Cambie cualquier caja eléctrica que resulte demasiado pequeña para el número de alambres que contiene. El forzar los alambres a entrar en una caja demasiado chica puede dañarlos, alterar las conexiones y crear una situación potencial de peligro.

Es frecuente encontrar cajas demasiado chicas cuando se reparan o cambian interruptores, contactos o lámparas. Si usted encuentra una caja tan chica que resulta difícil acomodar los alambres, deberá cambiarla por otra mayor. Utilice la tabla de la página 36 como guía para escoger la caja adecuada.

Las cajas eléctricas de metal o de plástico están disponibles en una amplia variedad de estilos, y pueden comprarse en cualquier almacén o supermercado. La mayoría de ellas pueden ser instaladas sin ocasionar daños a las paredes.

Todo lo que necesita:

Herramientas: desarmador, probador neón de circuitos, sierra de vaivén, martillo, pinzas de puntas agudas.

Materiales: cinta de aislar, caja eléctrica de retroajuste con grapas flexibles, tornillo de tierra.

Cómo cambiar una caja de registro

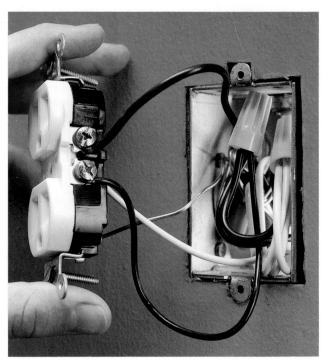

1 Corte la energía al circuito correspondiente en el tablero de servicio. Compruebe si hay energía por medio de un probador neón de circuitos (interruptores, página 57; contactos, página 70; lámparas, página 80). Desconecte y elimine el interruptor, contacto o dispositivo de la caja vieja.

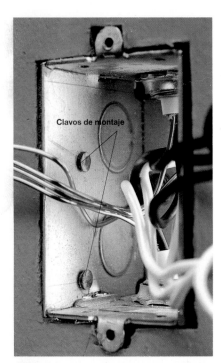

2 Examine la caja para determinar cómo fue instalada. La mayoría de las cajas metálicas antiguas van sujetas al armazón de la casa por medio de clavos, y las cabezas de éstos estarán visibles dentro de la caja.

3 Corte los clavos de montaje, deslizando la hoja para metales de la sierra de vaivén entre la caja y la viga del armazón. Tenga cuidado de no dañar los alambres. Desconecte los alambres.

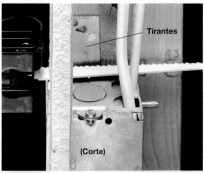

Si la caja está montada con tiras (las que aparecen en el corte de la pared), desmonte la caja cortando las tiras con una sierra de vaivén y su hoja cortametales. Tenga cuidado para no dañar los alambres.

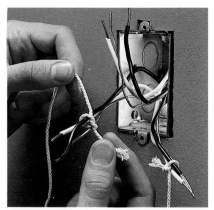

4 Para evitar que los alambres se caigan en la cavidad de la pared junte los cables de cada circuito y póngales un trozo de cuerda a cada grupo.

5 Asegure las cuerdas a los alambres por medio de unos trozos de cinta aislante plástica.

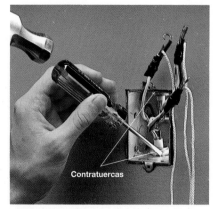

6 Desconecte las grapas internas o las contratuercas que mantienen los cables unidos a la caja.

Contratuercas

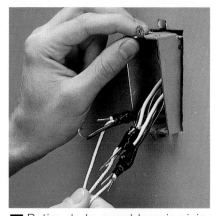

7 Retire de la pared la caja vieja, teniendo cuidado para no dañar el aislamiento de los alambres de los circuitos, y use una cuerdita para asegurarse de que los alambres no se caigan detrás de la pared.

8 Sujete los alambres al reborde de la pared por medio de un trozo de cinta.

9 Retire la tapa de un agujero por cada cable que haya de entrar a la caja, usando para ello un desarmador y un martillo.

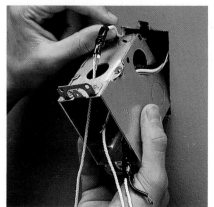

10 Meta los cables a la caja nueva, y deslice ésta por la abertura de la pared. Apriete las grapas interiores o las contratuercas que sujetan los cables a la caja eléctrica. Quite las cuerditas.

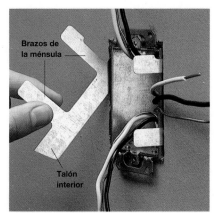

Brazos de la ménsula

Talón interior

11 Meta en la pared, a cada lado de la caja eléctrica, tiras flexibles. Tire de los brazos de las tiras hasta que el talón interior quede apretado contra la parte trasera de la pared.

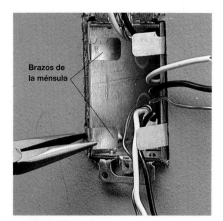

Brazos de la ménsula

12 Doble los brazos de las tiras alrededor de la pared de la caja, usando las pinzas de puntas agudas. Reinstale el dispositivo y vuelva a dar energía al circuito en el tablero de servicio.

Los interruptores giratorios se encuentran en instalaciones hechas entre 1900 y 1920. Su manija se gira a la derecha para encender la luz, y a la izquierda para apagarla. El interruptor va encerrado en una protección cerámica.

Los interruptores de botones se usaron mucho desde 1920 hasta 1940. Todavía funcionan muchos interruptores de este tipo. Pueden conseguirse piezas de este tipo para trabajos de restauración.

Los interruptores de palanca aparecieron en la década de 1930. Su diseño original contaba con un mecanismo alojado en una caja cerámica, sellada con una capa de papel aislante.

Problemas comunes con los interruptores de pared

Un interruptor de pared es hecho funcionar como promedio 1000 veces por año. Debido a su uso constante las conexiones pueden aflojarse, por lo que las partes del interruptor se desgastan. Si un interruptor ha dejado de funcionar fácilmente deberá ser reparado o cambiado.

Los métodos para reparar o cambiar un interruptor varían algo según sea su tipo y el lugar en que esté instalado en el circuito eléctrico. Al trabajar en un interruptor haga uso de las fotografías que aparecen en las páginas 44 a 51, para identificar el tipo de interruptor y la configuración del cableado. Los estilos de los interruptores pueden cambiar de un fabricante a otro, pero el sistema básico de los interruptores es universal.

Es posible cambiar la mayoría de los interruptores de pared con un interruptor especial, por ejemplo, un interruptor de tiempo o un interruptor electrónico. Al instalar un tipo especial de interruptor (páginas 49 a 51), asegúrese de que es compatible con la configuración de la caja del propio interruptor.

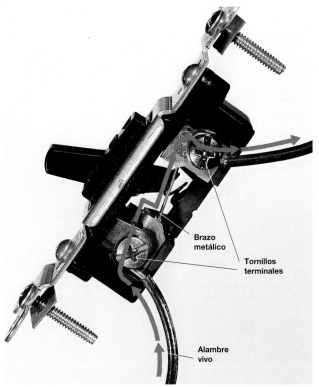

Brazo metálico

Tornillos terminales

Alambre vivo

El interruptor típico de pared cuenta con un brazo metálico y móvil que abre y cierra el circuito eléctrico. Cuando el interruptor está en encendido (ON), el brazo metálico completa el circuito, y la energía fluye entre los terminales de tornillo y por el cable vivo hacia la lámpara. Cuando el interruptor está en posición de apagado (OFF), el brazo metálico se levanta e interrumpe el circuito, cesando el flujo de energía. Los problemas pueden presentarse en los interruptores bien sea por no estar bien apretados los tornillos, o porque el brazo metálico se ha desgastado.

Vea el Libro de notas del inspector:
• Problemas comunes con los cables (págs. 112 a 113).
• Comprobación de las conexiones entre los alambres (páginas 114 a 115).
• Inspección de los interruptores (página 121).

Los interruptores de palanca se mejoraron durante 1950, y ahora son los más comunes. Este interruptor fue el primero en usar un alojamiento sellado de plástico que protege el mecanismo interior contra el polvo y la humedad.

Los interruptores de mercurio se popularizaron en los primeros años de 1960. Conducen la corriente eléctrica por medio de una ampolla sellada de mercurio. Aunque son más costosos, están garantizados por 50 años.

Los interruptores electrónicos sensores del movimiento cuentan con un ojo infrarrojo que advierte el movimiento y enciende automáticamente las luces cuando una persona entra a la habitación.

Problema	Reparación
Se funde el fusible o se dispara el disyuntor cuando se enciende el interruptor.	1. Apriete cualquier conexión floja de los alambres (páginas 56 a 57). 2. Cambie la lámpara o el aparato a otro circuito, para evitar las sobrecargas (página 34). 3. Pruebe el interruptor (páginas 52 a 55) y cámbielo si es necesario (páginas 56 a 59). 4. Repare o cambie la lámpara defectuosa (páginas 78 a 93), o el aparato defectuoso.
El interruptor o un aparato instalado de manera permanente no funcionan.	1. Cambie el foco que se haya quemado. 2. Revise el fusible o el disyuntor para asegurarse de que el circuito está operando (páginas 28 a 29). 3. Compruebe si hay alambres flojos en las conexiones o en el interruptor (páginas 56 a 57). 4. Revise el interruptor (páginas 52 a 55), y cámbielo si es necesario (páginas 56 a 59). 5. Repare o cambie la lámpara (páginas 78 a 93) o el aparato.
La luz parpadea.	1. Apriete el foco en su casquillo. 2. Compruebe si hay conexiones flojas en el interruptor (páginas 56 a 57). 3. Repare o cambie la lámpara (páginas 78 a 93) o el interruptor (páginas 56 a 59).
El interruptor zumba o está caliente al tacto.	1. Compruebe si hay conexiones o alambres flojos en el interruptor (páginas 56 a 57). 2. Revise el interruptor (páginas 52 a 55) y cámbielo si es necesario (páginas 56 a 59). 3. Cambie lámparas o aparatos a otros circuitos, para evitar sobrecargas (página 34).
La palanca del interruptor no queda en posición.	Cambie el interruptor que está desgastado (páginas 56 a 59).

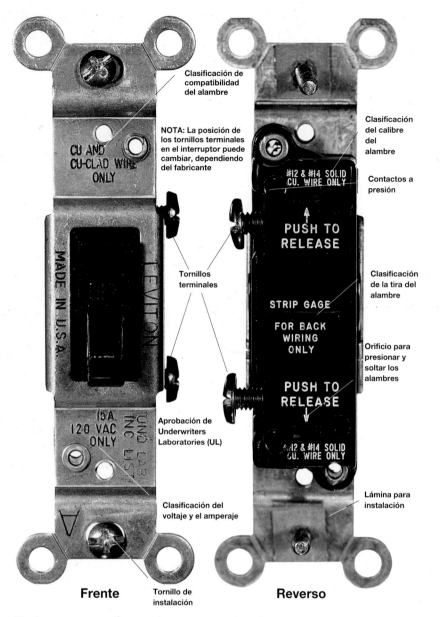

Clasificación de
compatibilidad
del alambre

NOTA: La posición de
los tornillos terminales
en el interruptor puede
cambiar, dependiendo
del fabricante

Clasificación
del calibre
del alambre

Contactos a
presión

Tornillos
terminales

Clasificación
de la tira del
alambre

Orificio para
presionar y
soltar los
alambres

Aprobación de
Underwriters
Laboratories (UL)

Clasificación del
voltaje y el amperaje

Lámina para
instalación

CU AND
CU-CLAD WIRE
ONLY

MADE IN U.S.A.

LEVITON

15A.
120 VAC
ONLY

UND. LAB. INC. LIST

#12 & #14 SOLID
CU. WIRE ONLY

PUSH TO
RELEASE

STRIP GAGE

FOR BACK
WIRING
ONLY

PUSH TO
RELEASE

#12 & #14 SOLID
CU. WIRE ONLY

Frente

Tornillo de
instalación

Reverso

Un interruptor de pared va conectado a los alambres del circuito por medio de tornillos terminales o con contactos a presión situados en la parte de atrás del interruptor. El interruptor puede contar con una tira estampada para calibración, la que indica la cantidad de aislamiento que debe quitarse del alambre para hacer las conexiones.

El cuerpo del interruptor va unido a una montura metálica por medio de la cual puede instalarse en la caja eléctrica. Tanto en la tira como en la parte posterior del interruptor se encuentran varias marcas. Las abreviaturas UL o UND. LAB. INC. LIST significan que el interruptor reúne los estándares de seguridad de los Underwriters Laboratories. Los interruptores van estampados además con los voltajes y amperajes tolerados. Los interruptores estándar de pared están clasificados como de 15 amperes, 125 volts. Para fines de identificación se consideran iguales los voltajes de 110, 120 y 125.

Para las instalaciones estándar de interruptores de pared elija un interruptor que tenga clasificación de alambres #12 ó #14. Para los sistemas de alambres con núcleo macizo de cobre, use sólo los interruptores marcados COPPER o CU. En el caso de alambrados de aluminio (página 22) use solamente interruptores marcados CO/ALR. Los interruptores marcados AL/CU no pueden seguir siendo usados con alambrado de aluminio, de acuerdo con lo que dispone el código eléctrico.

Principios básicos de los interruptores de pared

Los interruptores de pared se encuentran en tres tipos generales. Para reparar o cambiar un interruptor es indispensable identificar su tipo.

Los interruptores de un solo polo se usan para controlar un conjunto de luces desde un solo lugar. **Los interruptores de tres vías** se utilizan para controlar un grupo de luces desde dos ubicaciones diferentes, y siempre son instalados por pares. **Los interruptores de cuatro vías** se usan en combinación con un par de interruptores de tres vías para controlar un grupo de luces desde tres o más ubicaciones.

Identifique el tipo de interruptor contando los tornillos terminales. Los de un solo polo cuentan con dos tornillos terminales; los de tres vías tienen tres tornillos terminales, y los de cuatro vías tienen cuatro.

Algunos interruptores tienen también un tornillo de tierra, el que se identifica por su color verde. Aunque los interruptores aterrizados no son requeridos por la mayor parte de los códigos eléctricos, algunos electricistas recomiendan su uso en los cuartos de baño, en las cocinas y en los sótanos. Al unirse por medio de una coleta de alambre a los tornillos de tierra brindan una mayor protección contra las descargas eléctricas.

Al cambiar un interruptor escoja otro nuevo que tenga el mismo número de tornillos terminales que los del viejo. La ubicación de los tornillos en el cuerpo del interruptor varía según el fabricante, pero la variación no afecta el funcionamiento del interruptor.

Los interruptores más modernos pueden contar con conexiones a presión además de los tornillos terminales. Algunos interruptores especiales (páginas 50 a 51) cuentan con colas en lugar de tornillos terminales. Se conectan a los alambres del circuito por medio de capuchones roscados.

Interruptores de pared monopolares

El interruptor de un solo polo es el tipo más frecuente de interruptor de pared. Habitualmente tiene marcas de encendido (ON) y de apagado (OFF) en la palanca, y se le emplea para controlar un grupo de luces, un aparato o un contacto desde un solo sitio. Este interruptor tiene dos tornillos terminales, y algunos tipos cuentan también con un tornillo para su puesta a tierra. Al instalar uno de estos interruptores tenga cuidado de que la palanca se encuentre hacia arriba cuando el interruptor está encendido (ON).

En un interruptor correctamente conectado un alambre vivo va a cada terminal. Sin embargo, el color y el número de alambres dentro de la caja del interruptor podrá variar según sea la posición del interruptor dentro del circuito.

Si son dos los cables o alambres que entran a la caja, entonces el interruptor se encuentra a la mitad del circuito. En esta instalación los dos alambres unidos al interruptor son negros.

Si solamente un cable entra a la caja, el interruptor se encuentra al final del circuito. En esta instalación, llamada habitualmente interruptor de vuelta, uno de los alambres vivos es negro, pero el otro normalmente es blanco. Este alambre blanco suele marcarse con cinta negra o con pintura.

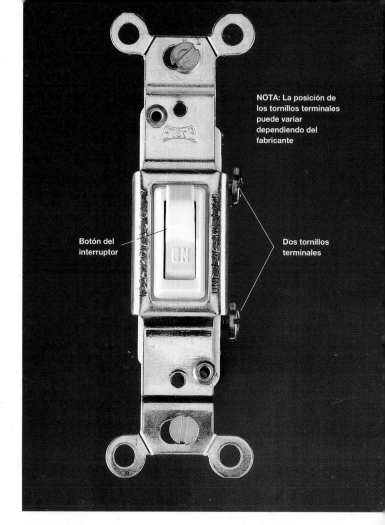

NOTA: La posición de los tornillos terminales puede variar dependiendo del fabricante

Botón del interruptor

Dos tornillos terminales

Instalaciones típicas de interruptores de un solo polo

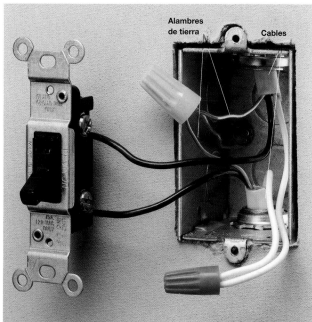

Alambres de tierra

Cables

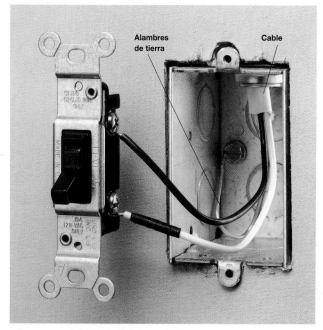

Alambres de tierra

Cable

Son dos los cables que entran a la caja cuando el interruptor está situado a mitad del circuito. Cada cable tiene un alambre aislado negro y otro blanco, más el alambre de cobre desnudo para la tierra. Los alambres negros son alambres vivos, y van conectados a los tornillos terminales del interruptor. Los alambres blancos son neutrales, y se conectan juntos por medio de un capuchón de rosca. Los alambres de tierra se conectan a la tierra de la caja por medio de una coleta de alambre.

Sólo un cable entra a la caja cuando el interruptor está situado al final de un circuito. El cable cuenta con un alambre negro y otro blanco, ambos aislados, más un alambre de cobre desnudo para la tierra. En esta instalación los dos alambres aislados son alambres vivos. El blanco puede ser marcado con cinta negra o con pintura para identificarlo como alambre vivo. El alambre de tierra se conecta a la caja metálica puesta a tierra.

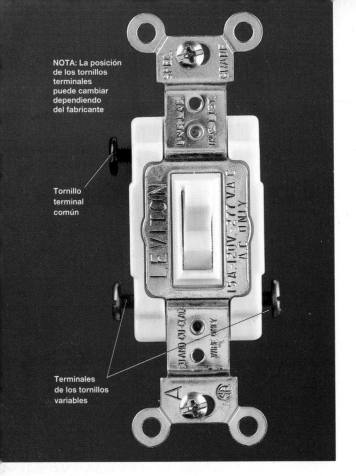

NOTA: La posición de los tornillos terminales puede cambiar dependiendo del fabricante

Tornillo terminal común

Terminales de los tornillos variables

Interruptores de pared tripolares

Los interruptores de tres vías tienen tres tornillos terminales, y carecen de marcas de encendido (ON) y apagado (OFF). Estos interruptores se instalan siempre en pares, y se usan para controlar un juego de luces desde dos ubicaciones.

Uno de los tornillos de un interruptor de tres vías es más oscuro que los otros. Éste es el **tornillo terminal común.** Su posición en el interruptor puede variar dependiendo del fabricante. Antes de desconectar un interruptor de tres vías marque el alambre que va conectado al tornillo terminal común. Éste debe quedar conectado al tornillo terminal común del nuevo interruptor.

Los dos tornillos con color más claro de un interruptor de tres vías **se denominan tornillos viajeros.** Son intercambiables, por lo que no es necesario marcarlos en el interruptor viejo.

Debido a que los interruptores de tres vías se instalan en pares, resulta en ocasiones difícil determinar cuál de los dos interruptores es el que está ocasionando problemas. El que se usa más frecuentemente es el más llamado a fallar, pero deberán examinarse los dos interruptores para determinar el origen de la falla.

Instalación típica de un interruptor tripolar

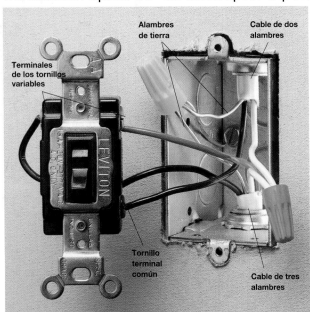

Terminales de los tornillos variables

Alambres de tierra

Cable de dos alambres

Tornillo terminal común

Cable de tres alambres

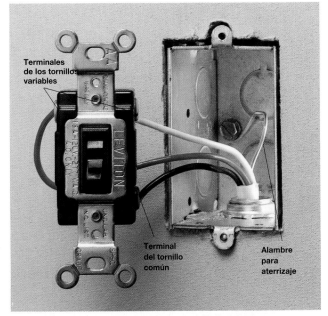

Terminales de los tornillos variables

Terminal del tornillo común

Alambre para aterrizaje

Son dos los cables que entran a la caja cuando el interruptor se encuentra en medio de un circuito. Un cable tiene dos alambres más el alambre desnudo de tierra. El otro cable tiene tres alambres más el de tierra. El alambre negro del cable de dos alambres se conecta al tornillo terminal oscuro o terminal común. Los alambres rojo y negro del cable de tres alambres se conectan a los dos tornillos viajeros. Los alambres neutrales se unen con un capuchón roscado, y los alambres de tierra se conectan a la caja metálica aterrizada por medio de una coleta de alambre.

Sólo un cable entra a la caja cuando el interruptor se encuentra al final del circuito. Este cable tiene un alambre negro, un alambre rojo y otro blanco, más el alambre desnudo de cobre para la tierra. El alambre negro debe conectarse al terminal común, que es más oscuro que los otros dos. El blanco y el rojo se conectan a los dos tornillos terminales viajeros. El alambre desnudo de cobre se conecta a la caja metálica aterrizada.

Interruptores de pared de 4 polos

Los interruptores de pared de cuatro vías cuentan con cuatro tornillos terminales, y no están marcados encendido (ON) y apagado (OFF). Se instalan siempre entre un par de interruptores de tres vías. Esta combinación permite controlar un grupo de luces desde tres o más ubicaciones. Los interruptores de cuatro vías no son comunes, pero pueden encontrarse en casas grandes con muchas habitaciones y largos vestíbulos. Los problemas en el caso de interruptor de cuatro vías pueden ser causados por conexiones flojas o partes desgastadas tanto en el interruptor de cuatro vías como en uno de los de tres vías (página opuesta).

En una instalación típica, dos pares de alambres del mismo color van conectados al interruptor de cuatro vías. Para simplificar la instalación, los interruptores de cuatro vías más recientes cuentan con tornillos del mismo color por pares. Un par de tornillos es habitualmente de cobre, y el otro par es de latón. Al instalar el interruptor acople los alambres a los tornillos según el color. Por ejemplo, si se conecta un alambre rojo a uno de los tornillos de latón, asegúrese de que el otro alambre rojo quede conectado al tornillo terminal de latón restante.

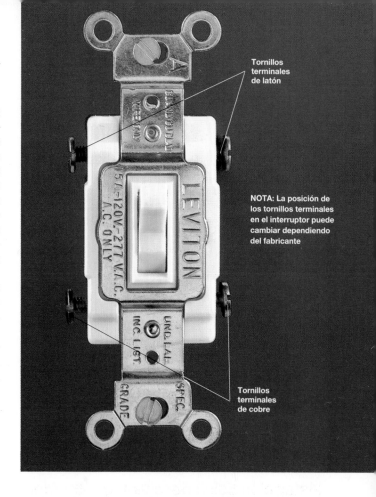

Tornillos terminales de latón

NOTA: La posición de los tornillos terminales en el interruptor puede cambiar dependiendo del fabricante

Tornillos terminales de cobre

Instalación típica de un interruptor de cuatro vías

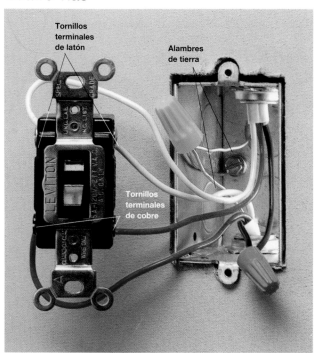

Tornillos terminales de latón

Alambres de tierra

Tornillos terminales de cobre

Son cuatro los alambres conectados a un interruptor de cuatro vías. Un par de alambres del mismo color se conecta a los tornillos de cobre, y el otro par se conecta a los tornillos de latón. Un tercer par de alambres se conectan dentro de la caja por medio de un capuchón roscado. Los dos alambres desnudos de cobre se unen con una coleta a la caja aterrizada.

Variaciones en los interruptores: algunos interruptores de cuatro vías tienen una guía para el alambrado estampada en su parte de atrás, para ayudar a simplificar la instalación. En el interruptor que aparece arriba un par de alambres del mismo color irán conectados a los terminales marcados LÍNEA 1, en tanto que el otro par de alambres irán atornillados a los tornillos terminales marcados LÍNEA 2.

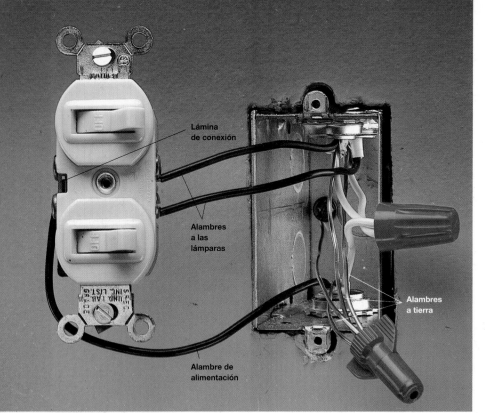

Lámina
de conexión

Alambres
a las
lámparas

Alambres
a tierra

Alambre de
alimentación

Alambrado con un solo circuito: son tres los alambres negros que van al interruptor. El alambre de alimentación negro que lleva la energía a la caja va conectado al lado del interruptor en que hay una lámina de conexión. Los alambres que llevan la energía a las lámparas o aparatos son conectadas al lado del interruptor **que no tiene** la lámina. Los alambres neutros se unen entre ellos por medio de un capuchón roscado.

Interruptores dobles

Un interruptor doble cuenta con dos palancas alojadas en una sola caja, y se usa para controlar dos lámparas o aparatos desde la misma caja de interruptores.

En la mayoría de las instalaciones, las dos mitades del interruptor están activadas por un mismo circuito. En estas instalaciones **con un solo circuito,** tres alambres van conectados al mismo interruptor doble. Un alambre, llamado "alimentador", da energía a las dos mitades del interruptor. Los otros dos alambres llevan energía a las luces, lámparas o aparatos individuales.

En algunas instalaciones, cada mitad del interruptor es alimentada por un circuito separado. En estas instalaciones **con circuitos separados** son cuatro los alambres conectados al interruptor, y la lámina de metal que conecta los terminales debe ser eliminada.

Lámina de
conexión
removida

Alambres
a las
lámparas

Alambres
a tierra

Alambres de
alimentación

Alambrado con circuitos separados: son cuatro los alambres que van al interruptor. Los de alimentación, procedentes de la fuente de energía, se unen al lado del interruptor que tiene la lámina de conexión, y esta lámina debe eliminarse (foto de la derecha). Los alambres que llevan la energía del interruptor a las lámparas o aparatos se conectan al lado del interruptor **que no tiene** la lámina de conexión. Los alambres neutrales, blancos, se unen por medio de un capuchón roscado.

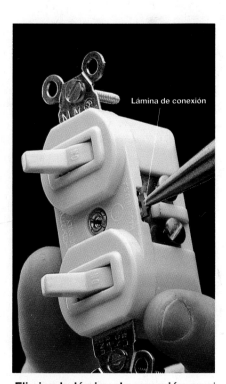

Lámina de conexión

Elimine la lámina de conexión en el interruptor doble cuando se instala éste con circuitos separados. La lámina puede quitarse con las pinzas de punta o con un desarmador.

Interruptores con luz piloto

Un interruptor con luz piloto cuenta con un bulbo interconstruido que se enciende cuando pasa la energía por el interruptor hacia una lámpara o aparato. Con frecuencia se instalan estos interruptores para mayor comodidad cuando no es posible ver la lámpara o el aparato desde el lugar en que se encuentra instalado el interruptor. Las luces de los sótanos, de los garajes y de los extractores de polvo de los áticos se controlan frecuentemente por medio de los interruptores con luz piloto.

El interruptor con luz piloto requiere un alambre neutral de conexión. Cuando la caja del interruptor cuenta sólo con un cable de dos alambres, no puede alojar un interruptor con luz piloto, pues los alambres son vivos.

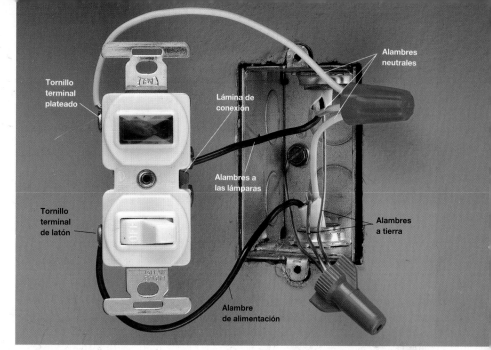

Alambrado del interruptor con luz piloto: son tres los alambres conectados al interruptor. Uno de los alambres negros es el de alimentación, o sea el que lleva energía al interruptor. Va conectado al tornillo terminal de latón situado en el lado del interruptor **que no tiene** lámina de conexión. Los alambres neutrales blancos se unen por medio de una coleta al tornillo terminal plateado. El alambre negro vivo que va hacia la lámpara o aparato se conecta al tornillo terminal situado al lado del interruptor donde está la lámina de conexión.

Contactos/interruptores

Un interruptor/contacto combina un contacto aterrizado con un interruptor de pared de un solo polo. En una habitación que no tiene suficientes contactos en la pared, puede mejorarse el servicio eléctrico por medio de un interruptor/contacto.

El interruptor/contacto requiere una conexión a cable neutral. La caja que contiene un solo cable de dos hilos tiene sólo alambres vivos, y no es posible instalarle un interruptor/contacto.

El interruptor/contacto puede ser instalado en una de estas dos maneras: en las instalaciones más habituales el contacto está vivo incluso cuando el interruptor está apagado (foto a la derecha).

En algunas instalaciones menos comunes se alambra de manera que el contacto está vivo solamente cuando el interruptor está encendido. En esta instalación se invierten los alambres vivos, de modo que el de alimentación va unido sólo al tornillo terminal del lado del interruptor que no tiene la lámina de conexión.

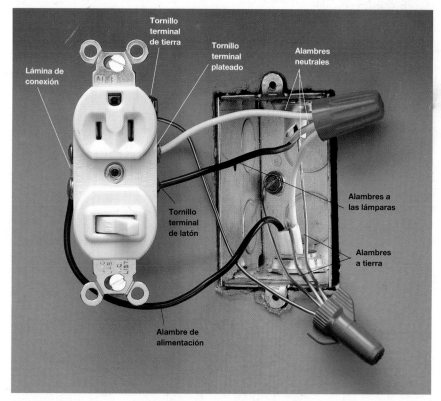

Alambrado del interruptor/contacto: son tres los alambres que se conectan. Uno de los alambres vivos es el de alimentación, que trae la energía a la caja. Va conectado al lado del interruptor en que está la lámina de conexión. El otro alambre vivo lleva la energía a la lámpara o aparato. Se conecta al tornillo terminal de latón del lado **que no tiene** lámina de conexión. El alambre neutral blanco va al tornillo terminal plateado. Los alambres de tierra se unen, por medio de una coleta, al tornillo de tierra verde del interruptor/contacto y a la tierra de la caja metálica.

Interruptores especiales

Los interruptores especiales pueden conseguirse en varios tipos. Los **interruptores reductores de luz** (páginas 60 a 61) se usan frecuentemente para controlar la intensidad de la luz en las áreas de comedores y de recreo. **Los interruptores de tiempo y relevadores de tiempo** (ver abajo) se usan para controlar automáticamente las lámparas y los extractores. Los nuevos **interruptores electrónicos** (página opuesta) aumentan la seguridad del hogar y son fáciles de instalar. Estos interruptores son duraderos y rara vez necesitan ser reparados.

La mayoría de los interruptores estándar de un solo polo pueden ser cambiados por otro especial. La mayoría de los interruptores especiales tienen conectores de alambre en lugar de los tornillos terminales y se conectan al circuito por medio de capuchones roscados. Algunos interruptores de tiempo, impulsados por motor, requieren una conexión neutral, y no pueden ser instalados en las cajas que sólo cuentan con un cable de dos alambres vivos.

Si un interruptor especial no funciona correctamente, puede comprobarse por medio de un probador de continuidad (páginas 52 a 55). Los de tiempo y los relevadores de tiempo pueden ser probados de esta manera, pero los reductores de luz no pueden ser probados. En el caso de los interruptores electrónicos puede comprobarse la continuidad del interruptor manual (página 55) pero los dispositivos automáticos no pueden ser probados.

Interruptores de tiempo

Los interruptores de tiempo tienen un cuadrante accionado eléctricamente que puede disponerse para que encienda o apague las luces automáticamente una vez por día. Se usan frecuentemente para controlar las luces del exterior.

Los interruptores de tiempo tienen tres alambres conectores. El negro se conecta al alambre vivo negro que trae la energía a la caja, y el rojo se conecta al alambre que lleva energía a la lámpara. El restante es el alambre neutral. Una caja de interruptor que cuente sólo con un cable sin alambre neutral no puede ser equipada con un interruptor de tiempo.

Si falla la energía eléctrica, resulta necesario volver a ajustar el interruptor para que funcione en los momentos correctos.

Interruptores con relevador de tiempo

El interruptor con relevador de tiempo cuenta con un cuadrante que se mueve bajo la acción de un resorte accionado a mano. El interruptor puede ajustarse para apagar una lámpara pasado un tiempo que va desde 1 hasta 60 minutos de retardo. Los interruptores con relevador de tiempo se usan con frecuencia para los extractores, los calentadores eléctricos de zonas, los ventiladores de baño y las lámparas de calor.

Los alambres negros del interruptor se conectan a los alambres vivos del circuito. Si la caja contiene alambres neutrales blancos, éstos se conectan juntos por medio de un capuchón roscado. Los alambres desnudos de cobre se unen por medio de una coleta a la caja metálica aterrizada.

Estos interruptores no requieren alambre neutral, por lo que pueden ser instalados en una caja que sólo contenga uno o dos cables.

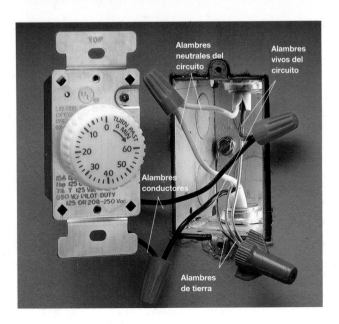

Interruptores automáticos

Un interruptor automático utiliza un delgado haz de luz infrarroja para detectar el movimiento. Cuando se pasa una mano a unos centímetros del haz, una señal electrónica enciende o apaga la luz. Algunos de estos interruptores cuentan con un reductor de la luz.

Los interruptores automáticos pueden instalarse en cualquier lugar en que se use un interruptor de un solo polo. Los interruptores automáticos son particularmente útiles en el caso de niños o de personas minusválidas.

Los interruptores automáticos no requieren conexión a alambre neutral. Por esta razón pueden ser instalados en una caja que tenga uno o dos cables. Los conectores de alambre del interruptor se unen a los alambres vivos del circuito por medio de capuchones roscados.

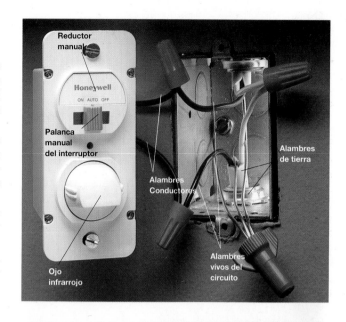

Interruptores de seguridad sensores del movimiento

El interruptor sensor del movimiento utiliza un haz infrarrojo de ángulo amplio para detectar el movimiento en un área grande, y para encender automáticamente las luces. Un dispositivo con retraso de tiempo apaga las luces cuando el movimiento cesa.

La mayoría de estos interruptores cuentan con un dispositivo de anulación que permite operar manualmente el interruptor. Los mejores entre estos interruptores cuentan con un control de sensibilidad y con un dispositivo variable de corte.

Los interruptores sensores del movimiento no requieren conexión al alambre neutral. Pueden ser instalados en cajas de interruptor que cuenten con uno o dos cables. Los conectores del aparato se unen a los alambres del circuito por medio de capuchones roscados.

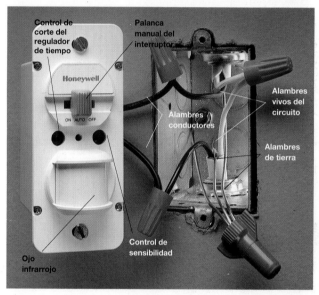

Interruptores programables

Los interruptores programables representan lo más moderno en diseño de interruptores. Tienen controles digitales y pueden suministrar hasta cuatro ciclos de encendido y apagado cada día.

Los interruptores programables se usan frecuentemente para dar seguridad cuando el dueño de la casa se ausenta de ésta. Los expertos policiacos afirman que el encendido y apagado desanima a los ladrones. Para una mayor protección estos interruptores deben ser programados de acuerdo con un patrón aleatorio.

Los interruptores programables no requieren alambre neutral. Pueden ser instalados en cajas que cuenten con uno o dos cables. Los conectores del interruptor se conectan a los alambres vivos del circuito con capuchones roscados.

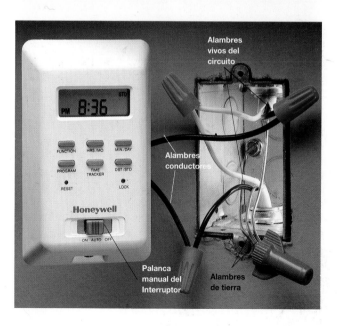

Pruebas de continuidad en los interruptores

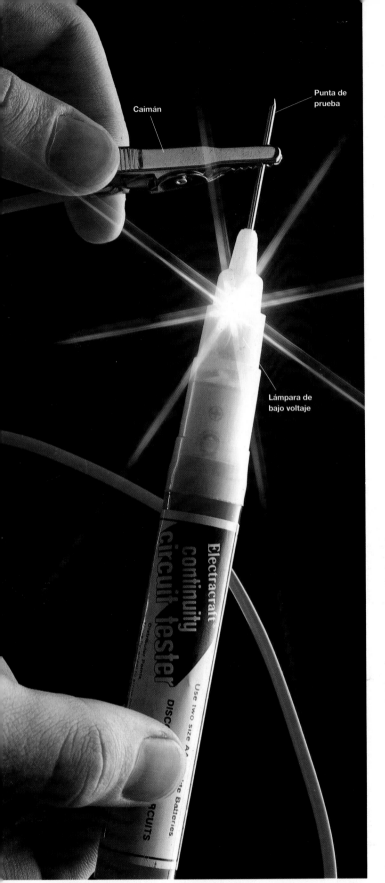

Caimán

Punta de prueba

Lámpara de bajo voltaje

Un interruptor que no funciona correctamente puede tener en su interior partes desgastadas o rotas. El desgaste interior se determina por medio de un probador de continuidad activado con batería, el que detecta cualquier interrupción en el camino de la energía dentro del interruptor. Debe cambiarse cualquier interruptor que el probador haya demostrado que funciona mal.

No debe usarse nunca el probador de continuidad en alambres que estén vivos. Antes de probar la continuidad debe cortarse la energía y desconectarse el interruptor.

Algunos interruptores especiales, como los reductores de luz, no pueden ser probados en cuanto a la continuidad. Los interruptores electrónicos pueden ser probados en operación manual usando un probador de continuidad, pero no es posible comprobar la operación automática.

Todo lo que necesita:

Herramientas: probador de continuidad.

Cómo probar un interruptor de pared de un solo polo

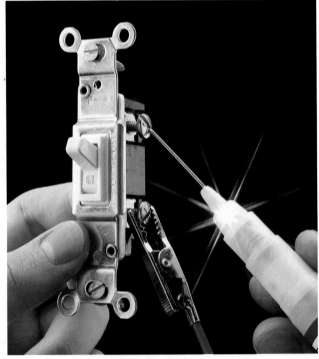

El probador de continuidad utiliza la corriente generada por la batería para comprobar el recorrido por las partes metálicas de interruptores y aparatos eléctricos. Pruebe siempre su aparato antes de usarlo, tocando la punta de prueba con la pinza. El probador debe encenderse. En caso contrario, está descargada la batería o se habrá fundido el foquito, por lo que deberán ser reemplazados.

Sujete la pinza del probador a uno de los tornillos terminales. Toque el otro tornillo terminal con la punta del probador. Cambie de posición la palanca del interruptor. Si el interruptor está bien se encenderá el probador cuando el interruptor esté en encendido (ON) y se apagará cuando esté en apagado (OFF).

Cómo probar un interruptor de pared de tres vías

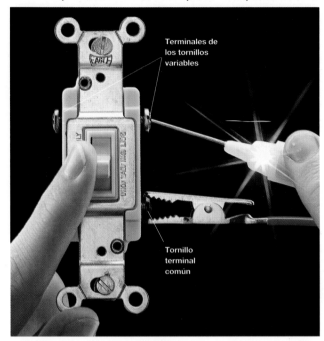

Terminales de los tornillos variables

Tornillo terminal común

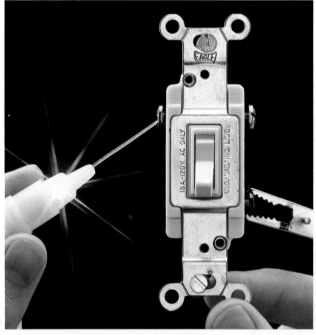

1 Sujete la pinza del probador al tornillo terminal oscuro. Toque con la punta de prueba uno de los tornillos viajeros, y cambie de posición el interruptor una y otra vez. Si el interruptor está bien, deberá encenderse el probador cuando el interruptor esté en una posición, pero no en ambas.

2 Toque con la punta de prueba el otro tornillo viajero. Mueva el interruptor a una y otra posición. Si el interruptor está bien brillará el probador sólo cuando la palanca está en la posición contraria a la de la prueba número 1.

Cómo probar un interruptor de pared de cuatro vías

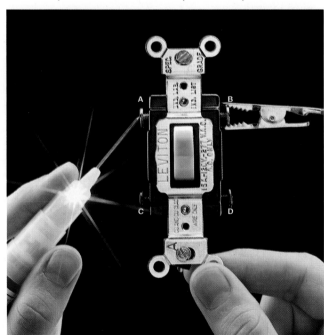

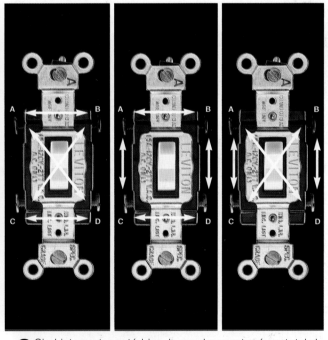

1 Compruebe el interruptor tocando con la pinza y con la punta de prueba cada par de terminales (A-B, C-D, A-D, B-C, A-C, B-D). Las pruebas deben mostrar caminos continuos entre dos pares diferentes de tornillos terminales. Cambie de posición la palanca y repita la prueba. Ésta debe mostrar caminos continuos entre dos pares diferentes de tornillos terminales.

2 Si el interruptor está bien, la prueba mostrará un total de cuatro caminos continuos entre los tornillos terminales, dos por cada posición de la palanca. En caso contrario el interruptor estará defectuoso y habrá que cambiarlo. (La disposición de los caminos puede variar, dependiendo del fabricante. La foto muestra las tres disposiciones posibles de caminos continuos.)

Cómo probar un interruptor con luz piloto

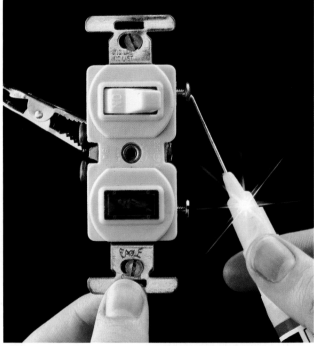

1 Compruebe la luz piloto colocando la palanca del interruptor en la posición de encendido (ON). Vea si la lámpara o el aparato trabajan. Si la luz piloto no enciende cuando el interruptor ha puesto en funcionamiento la lámpara o el aparato, la luz piloto está defectuosa y deberá cambiarse la unidad.

2 Pruebe el interruptor desconectando la unidad. Cuando la palanca está en posición de encendido (ON) sujete la pinza del probador al tornillo terminal alto a uno de los lados del interruptor. Toque con la punta de prueba el tornillo terminal alto del otro lado del interruptor. Si éste está bien se encenderá la luz cuando el interruptor está en encendido (ON), pero no cuando está apagado (OFF).

Cómo probar un interruptor de tiempo

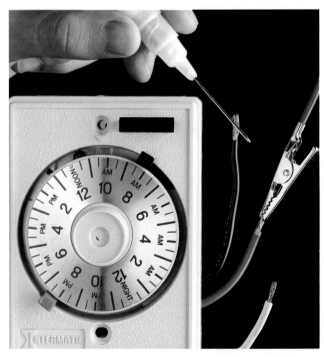

1 Sujete la pinza al cable rojo del interruptor de tiempo y toque con la punta de prueba el alambre negro vivo. Gire el cuadrante en el sentido de las manecillas del reloj hasta que el tope ON pase la marca con flecha. El probador debe encenderse; si no lo hace habrá que cambiar el interruptor.

2 Gire el cuadrante en el sentido de las manecillas del reloj hasta que el tope OFF pase la marca con flecha. El probador no debe encender. Si lo hace habrá que cambiar el interruptor.

Cómo probar un interruptor/contacto

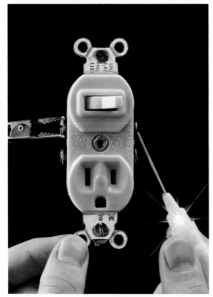

Sujete la pinza del probador a uno de los tornillos terminales de la parte alta. Toque con la punta de prueba el tornillo terminal alto de la parte opuesta. Mueva la palanca de una a otra posición. Si el interruptor está funcionando bien, el probador brillará cuando el interruptor está en encendido (ON), pero no cuando esté en apagado (OFF).

Cómo probar un interruptor doble

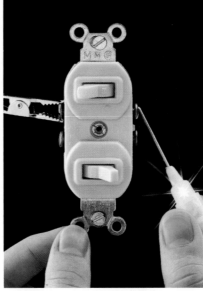

Pruebe cada mitad sujetando la pinza del probador a un tornillo terminal, tocando el otro con la punta de prueba. Cambie el interruptor de la posición de encendido (ON) a la de apagado (OFF). Si el interruptor está bien se encenderá el probador cuando el interruptor esté en encendido (ON) pero no cuando está en apagado (OFF). Repita la prueba con el restante par de tornillos terminales. Si una de las dos mitades falla debe cambiar toda la unidad.

Cómo probar un interruptor con relevador de tiempo

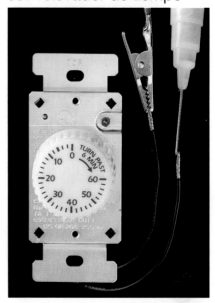

Sujete la pinza a uno de los conectores de alambre y toque con la punta de prueba el otro conector. Ajuste el aparato a unos cuantos minutos. Si el interruptor está funcionando bien el probador deberá mantenerse encendido hasta que haya pasado el tiempo.

Cómo probar el funcionamiento manual de los interruptores electrónicos

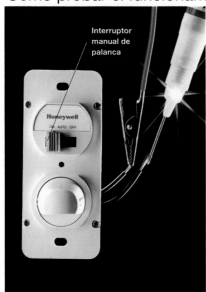

Interruptor automático: sujete la pinza del probador a un cable negro de conexión, y toque el otro cable negro con la punta de prueba. Mueva el interruptor manual de la posición encendido (ON) a la de apagado (OFF). Si el interruptor funciona correctamente se encenderá el probador cuando la palanca esté en encendido (ON), pero no en apagado (OFF).

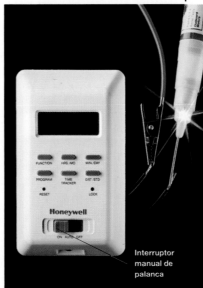

Interruptor programable: sujete la pinza a un conector de alambre, y toque con la punta de prueba el otro conector. Mueva la palanca manual del interruptor de la posición encendido (ON) a la de apagado (OFF). Si el interruptor está funcionando bien, el probador se encenderá cuando la palanca esté en encendido (ON), pero no cuando esté en apagado (OFF).

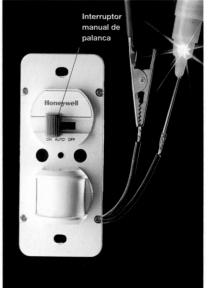

Interruptor sensor del movimiento: sujete la pinza a uno de los conectores de alambre y toque con la punta de prueba el otro conector. Mueva el interruptor manual de encendido (ON) a apagado (OFF). Si el interruptor está funcionando bien se encenderá la luz del probador cuando la palanca se encuentre en encendido (ON), pero no en apagado (OFF).

Instalación y cambio de interruptores de pared

La mayor parte de los problemas en los interruptores son causados por conexiones flojas. Si se funde un fusible o se dispara un disyuntor al encender un interruptor, tal vez haya una conexión suelta tocando la caja metálica. Las conexiones sueltas pueden calentar el interruptor u ocasionar zumbidos.

Algunos interruptores fallan porque sus partes interiores se desgastan. Para comprobar el desgaste habrá que desmontar por completo el interruptor para probar su continuidad (páginas 52 a 55). Si la prueba demuestra que el interruptor está fallando deberá cambiársele.

Todo lo que necesita:

Herramientas: desarmador, probador neón de circuitos, probador de continuidad, herramienta de combinación.

Materiales: papel de lija fino, pasta antioxidante (para los alambres de aluminio).

Vea el Libro de notas del inspector:

- Problemas comunes en los cables (págs. 112 a 113).
- Comprobación de las conexiones entre alambres (págs. 114 a 115).
- Inspección de la caja de conexiones (págs. 116 a 117).
- Inspección de los interruptores (página 121).

Cómo arreglar o cambiar un interruptor de pared de un solo polo

1 Corte la energía que va al interruptor en el tablero principal de servicio, y a continuación quite la placa del interruptor.

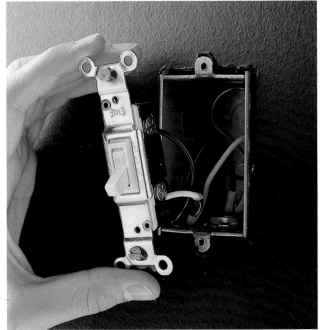

2 Quite los tornillos que sujetan el interruptor a la caja de conexiones. Sosteniéndolo con cuidado por la tira metálica, saque el interruptor de la caja. Tenga cuidado, y no toque ningún alambre o tornillo terminal hasta que haya probado si están vivos.

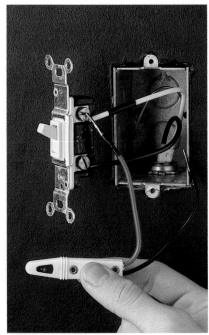

3 Compruebe si hay energía tocando con una punta del probador neón de circuitos la caja metálica aterrizada o el cable desnudo de cobre, y con la otra punta toque cada uno de los tornillos terminales. El probador no deberá brillar; si lo hace es que la caja de conexiones tiene energía. Vuelva a ir al tablero de servicio y corte el circuito correspondiente.

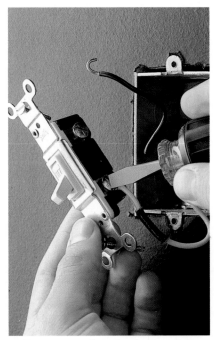

4 Desconecte los alambres del circuito y retire el interruptor. Haga la prueba de continuidad (página 52) y compre otro interruptor si el de uso está mal. Si los alambres del interruptor son demasiado cortos, deberá alargarlos con unas coletas (página 116).

5 Si los alambres están rotos o mordidos corte la parte afectada usando la herramienta de combinación. Desnude los alambres para que quede una parte desnuda de 2 cm (3/4 de pulgada) al final de cada alambre.

6 Limpie las puntas desnudas de los alambres con la lija suave en caso de que estén oscuras o sucias. Si los alambres son de aluminio aplíqueles pasta antioxidante antes de conectarlos.

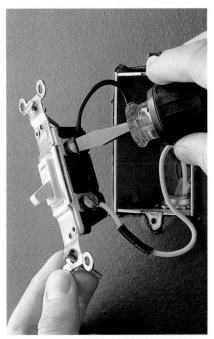

7 Conecte los alambres a los tornillos terminales del interruptor. Apriete bien los tornillos, pero sin excederse. Un exceso de fuerza puede barrer la rosca de los tornillos.

8 Vuelva a instalar el interruptor, acomodando cuidadosamente los alambres en la caja. Coloque la tapa del interruptor y vuelva a activar el circuito en el tablero de servicio.

Cómo arreglar o cambiar un interruptor de tres vías

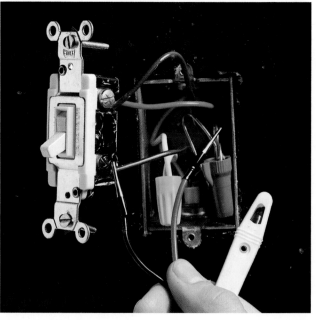

1 Corte la energía al interruptor en el tablero principal de servicio y a continuación desmonte la tapa y los tornillos de sujeción del interruptor. Sujetándolo cuidadosamente por la tira de montaje, retire el interruptor de la caja. Tenga cuidado, y no toque alambres o tornillos hasta que haya comprobado que no están vivos.

2 Pruebe si hay energía tocando con una punta del probador de neón la caja metálica aterrizada, y con la otra punta los alambres y cada tornillo terminal. El probador no debe encenderse. Si lo hace es que el circuito tiene energía todavía. Vuelva al tablero de servicio y corte la energía al circuito.

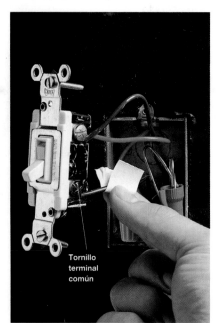

Tornillo
terminal
común

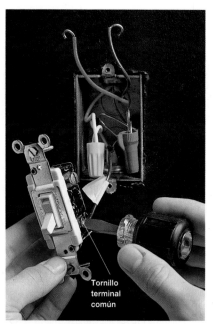

Tornillo
terminal
común

3 Localice el tornillo terminal común, oscuro, y use cinta adhesiva para marcar el alambre "común" que va unido al mismo. Desconecte los alambres y retire el interruptor. Pruebe su continuidad (página 53). Si el interruptor funciona mal compre un repuesto. Inspeccione los alambres para ver si presentan mellas o arañazos. Si es necesario corte la parte averiada y desnude las puntas (página 23). (En esta figura y en la siguiente: Tornillo terminal común.)

4 Conecte el alambre común al tornillo terminal común, oscuro, en el interruptor. En la mayoría de los interruptores de tres vías, el tornillo terminal común es de cobre, o bien puede estar marcado con la palabra COMÚN en la parte de atrás del interruptor.

5 Conecte los restantes alambres a los tornillos de latón o plateados. Estos alambres son intercambiables y pueden quedar conectados a cualquier tornillo terminal. Meta cuidadosamente en la caja los alambres del interruptor y coloque la tapa. Vuelva a activar el circuito en el tablero de servicio.

Cómo arreglar o cambiar un interruptor de pared de cuatro vías

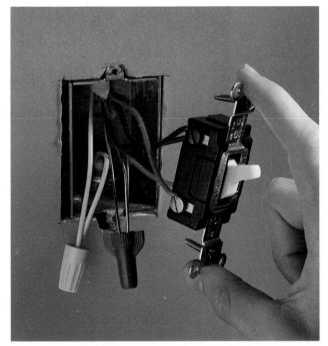

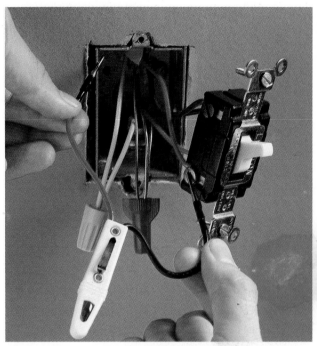

1 Quite la energía en el tablero de servicio, y a continuación desmonte la placa y los tornillos de sujeción del interruptor. Sujetándolo cuidadosamente por la tira de montaje, retire el interruptor de la caja. Tenga cuidado para no tocar tornillos o alambres hasta estar seguro de que no están vivos.

2 Pruebe si hay energía tocando con una de las puntas del probador neón la caja metálica aterrizada o el alambre desnudo de cobre de tierra, y con la otra punta toque los tornillos terminales. El probador no deberá encenderse. Si lo hace el circuito está vivo. Regrese al tablero de servicio y corte la energía al circuito correcto.

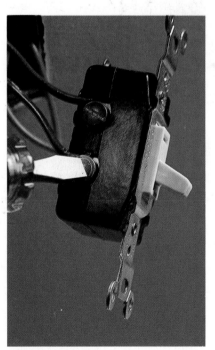

3 Desconecte los alambres y vea si tienen arañazos o mellas. Si es necesario corte los alambres dañados y desnúdelos (página 23). Pruebe la continuidad del interruptor (página 53). Si está defectuoso compre un repuesto.

4 Conecte dos alambres del mismo color a los tornillos de latón. En el interruptor que aparece en la figura, los tornillos terminales de latón están rotulados LÍNEA 1.

5 Una los restantes alambres a los tornillos de cobre, marcados LÍNEA 2 en algunos interruptores. Meta cuidadosamente los alambres en la caja y coloque la tapa. Vuelva a dar energía en el tablero de servicio.

TGL 600-01S

El amortiguador de palanca se asemeja a los interruptores normales. Pueden adquirirse en diseños tanto monopolares como tripolares.

El amortiguador de perilla es el más común. Al girar la perilla se cambia la intensidad de la luz.

XML 600-P20

TOP

120VAC
600WATTS
UND. LAB. INC.

FOR USE INSTALLED
INCAND FIXTURES ONLY

El interruptor amortiguador de deslizamiento cuenta con una cara iluminada que permite encontrarlo fácilmente en la oscuridad.

LEVITON
600W.
120 V.A.C.
TOP

Honeywell
CL 2008-1003
115V 60HZ 500W
FOR PERMANENTLY INSTALLED
INCANDESCENT LAMP LOADS ONLY

ON
AUTO

Amortiguador automático, que cuenta con un sensor que ajusta la luz para compensar los cambios en el nivel de la luz natural. Este amortiguador automático puede ser manejado también en forma manual.

Interruptores reductores de luz

El interruptor reductor de luz permite variar la brillantez de una lámpara. Se les instala frecuentemente en los comedores, las áreas de recreo y en las recámaras.

Cualquier interruptor de un solo polo puede ser cambiado por un interruptor reductor de luz siempre que la caja tenga el tamaño adecuado. Los interruptores reductores de luz son de tamaño más grande que los estándar. Generan, por otra parte, algo de calor, el cual debe disiparse. Por estas razones, este tipo de interruptores no debe instalarse en cajas de conexión de tamaño reducido o en las que estén ocupadas por alambres de los circuitos. Para la instalación siga siempre las instrucciones del fabricante.

En las instalaciones que usan interruptores de tres vías (páginas 46 a 47), uno de los interruptores de tres vías puede cambiarse por un interruptor reductor especial de tres vías. De esta manera, todos los interruptores encenderán y apagarán las luces, pero la intensidad de la luz se controlará sólo por el interruptor reductor de luz.

Los interruptores reductores pueden conseguirse en varios estilos (foto de la izquierda). Todos los estilos cuentan con conexiones de alambre en lugar de tornillos terminales, y se conectan al circuito usando capuchones roscados. Algunos estilos tienen una conexión de tierra que deberá unirse a la caja metálica aterrizada o a los alambres desnudos de cobre.

Todo lo que necesita:

Herramientas: desarmador, probador neón de circuitos, pinzas de puntas agudas.

Materiales: capuchones roscados, cinta adhesiva.

Vea el Libro de notas del inspector:

• Inspección de cajas de conexión (páginas 116 a 117)

Cómo instalar un interruptor reductor de luz

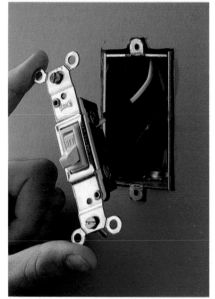

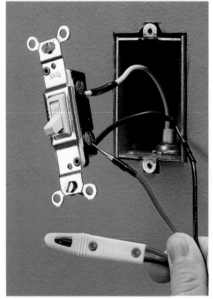

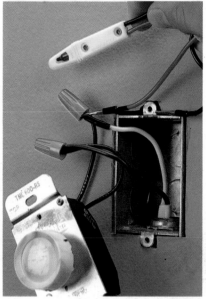

1 Corte en el tablero de servicio la energía que va al interruptor y a continuación quite la placa y los tornillos de sujeción. Tomando con cuidado la tira de montaje retire el interruptor de su caja. Tenga cuidado para no tocar los alambres o tornillos hasta después de comprobar si están vivos.

2 Compruebe si hay energía tocando con una de las puntas del probador la caja metálica aterrizada o al alambre desnudo de cobre de tierra, y con la otra punta los tornillos terminales del interruptor. La luz del probador no debe encender; si lo hace es que el interruptor aún tiene energía. Regrese al tablero de servicio para cortarla.

Si está cambiando un interruptor reductor viejo, compruebe si tiene energía tocando con una punta del probador neón la caja metálica de conexión aterrizada o el cable desnudo de cobre de la tierra. El probador no debe encender; si lo hace, significa que la caja aún recibe energía. Vuelva al tablero de servicio para cortar la corriente al circuito correcto.

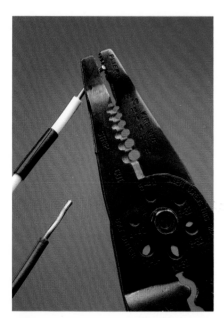

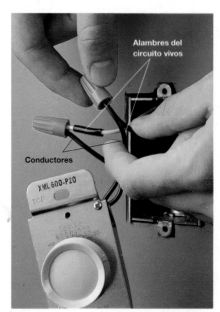

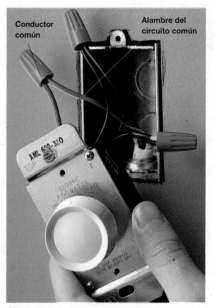

3 Desconecte los alambres del circuito y retire el interruptor. Enderece los alambres y corte sus puntas, dejando dos cm (3/4 de pulgada) desnudos y expuestos.

4 Conecte los alambres de conexión del interruptor a los alambres del circuito, usando capuchones roscados. Los conectores del interruptor son intercambiables, y pueden unirse a cualquiera de los alambres del circuito.

Los interruptores reductores de luz de tres vías cuentan con una conexión más. Esta conexión "común" se conecta al alambre común del circuito. Al cambiar un interruptor estándar de tres vías por un reductor de luz, se une el alambre común del circuito al tornillo terminal más oscuro del interruptor viejo (página 58).

Los contactos primitivos eran modificaciones de las bases de las bombillas de luz roscables. Estos contactos se usaron en los primeros años del siglo presente.

El contacto polarizado pasó a ser el estándar desde 1920. El tamaño diferente de las ranuras dirige el flujo de corriente, con lo que aumenta la seguridad.

El interruptor por fallas tipo GFCI es un dispositivo moderno de seguridad. Cuando detecta ligeros cambios en la corriente corta instantáneamente la energía.

Problemas comunes con los contactos

Los contactos domésticos, llamados a veces salidas, no tienen partes móviles que se desgasten, y habitualmente dan servicio durante muchos años. Los problemas más comunes en los contactos son causados en realidad por lámparas o aparatos defectuosos o por sus clavijas y cables. Sin embargo, el constante meter y sacar de las clavijas de las extensiones puede llegar a desgastar los contactos metálicos del interior. Cualquier contacto que no conserve bien metidas las clavijas deberá ser cambiado.

Otro problema posible es un alambre flojo. Puede ocasionar chisporroteo (llamado arco), disparando un disyuntor o dando lugar a que se produzca calor en la caja del contacto, lo que crea un peligro potencial de incendio.

Los alambres pueden aflojarse por muchas causas. Las vibraciones constantes del piso al caminar cerca del contacto, o causados por el tráfico de la calle, pueden ocasionar que se afloje un alambre. Por otra parte, debido a que los alambres se calientan y enfrían durante su uso normal, los extremos de los cables se dilatan y contraen ligeramente. Esta puede ser otra causa de que se aflojen los alambres que van a los tornillos terminales.

Vea el Libro de notas del inspector:

- Comprobación de las conexiones entre alambres (págs. 114 a 115).
- Inspección de las cajas de conexión (págs. 116 a 117).
- Inspección de los contactos (página 120).

Problema	Reparación
El disyuntor del circuito se dispara repetidamente, o el fusible se funde inmediatamente después de ser cambiado.	1. Repare o cambie el cable gastado o averiado de una lámpara o aparato. 2. Cambie las lámparas o aparatos a otros circuitos, para evitar las sobrecargas (página 34). 3. Apriete las conexiones de alambres que puedan estar flojas (páginas 72 a 73). 4. Limpie las puntas de los alambres que estén sucias u oxidadas (página 72).
La lámpara o aparato no funciona	1. Asegúrese de que la lámpara o aparato está conectado. 2. Cambie los focos que se hayan fundido. 3. Repare o cambie el cable gastado o averiado de la lámpara o aparato. 4. Apriete las conexiones que estén flojas (páginas 72 a 73). 5. Limpie los extremos de los alambres que estén sucios u oxidados (página 72). 6. Repare o cambie cualquier contacto defectuoso (páginas 72 a 73).
La clavija no se queda adherida al contacto.	1. Cambie o repare las clavijas dañadas (páginas 94 a 95). 2. Cambie el contacto defectuoso (páginas 72 a 73).
El contacto está caliente al tacto, zumba, o echa chispas al meter o retirar la clavija.	1. Cambie lámparas o aparatos a otros circuitos, para evitar las sobrecargas (página 34). 2. Apriete cualquier conexión que esté floja (páginas 72 a 73). 3. Limpie las puntas de los alambres que estén sucias u oxidadas (página 72). 4. Cambie el contacto defectuoso (páginas 72 a 73).

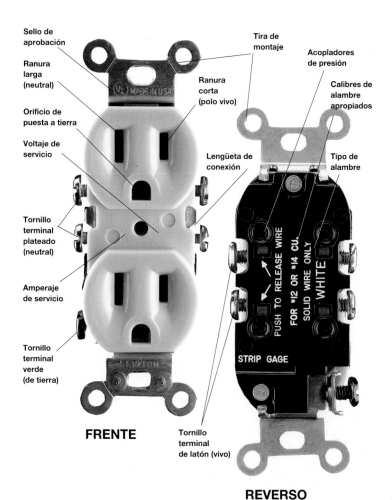

Sello de aprobación

Ranura larga (neutral)

Orificio de puesta a tierra

Voltaje de servicio

Tornillo terminal plateado (neutral)

Amperaje de servicio

Tornillo terminal verde (de tierra)

FRENTE

Tornillo terminal de latón (vivo)

Tira de montaje

Ranura corta (polo vivo)

Acopladores de presión

Calibres de alambre apropiados

Lengüeta de conexión

Tipo de alambre

REVERSO

El contacto dúplex estándar cuenta con dos mitades para recibir las clavijas. Cada mitad tiene una ranura larga (neutral) y una corta (viva), además de un orificio en forma de U para su puesta a tierra. Las tres reciben las patas ancha, estrecha y de tierra de la clavija de tres patas. Así se logra que la conexión entre contacto y clavija quede polarizada y puesta a tierra (página 16).

Los alambres se unen a los contactos por medio de los tornillos terminales o por sus conexiones a presión. Una lámina de conexión entre los tornillos terminales permite una variedad de alambrados. Los contactos cuentan también con tiras metálicas para su montaje en las cajas de conexión.

En la parte delantera y trasera de los contactos se ven los sellos de aprobación de las correspondientes agencias. Debe buscarse los símbolos UL o UND LAB INC LIST para estar seguros de que el contacto cumple con los estrictos requisitos de los Underwriters Laboratories.

El contacto está marcado para señalar el amperaje y el voltaje máximos. El contacto normal está marcado 15A, 125V. Los contactos marcados CU o COBRE se usan con los alambres macizos de cobre. Los marcados CU-CLAD ONLY se usan con los alambres de aluminio recubierto de cobre. Sólo los contactos marcados CO/ALR son los que se pueden usar con alambres de aluminio macizo (página 22). Los contactos marcados AL/CU ya no pueden ser usados con los alambres de aluminio, según los códigos.

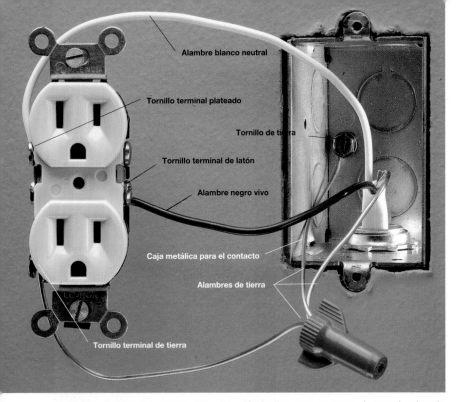

Etiquetas de la imagen:
- Alambre blanco neutral
- Tornillo terminal plateado
- Tornillo de tierra
- Tornillo terminal de latón
- Alambre negro vivo
- Caja metálica para el contacto
- Alambres de tierra
- Tornillo terminal de tierra

Un solo cable que entra en una caja indica que se trata de un alambrado de final de circuito. El alambre negro vivo se sujeta a un tornillo terminal de latón, y el alambre blanco neutral se une a un tornillo terminal plateado. Si la caja es de metal, se pone una coleta al alambre de tierra y se conecta a los tornillos puestos a tierra del contacto y de la caja, y si la caja es de plástico el alambre de tierra se une directamente al tornillo terminal de tierra del contacto.

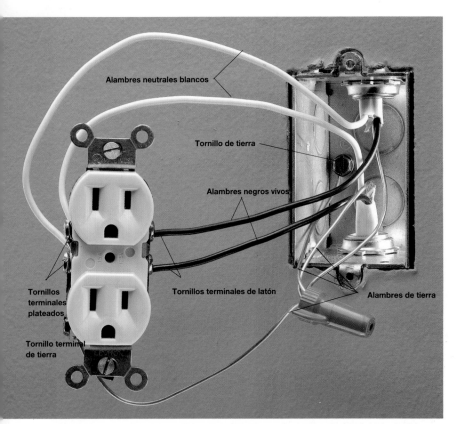

Etiquetas de la imagen:
- Alambres neutrales blancos
- Tornillo de tierra
- Alambres negros vivos
- Tornillos terminales plateados
- Tornillos terminales de latón
- Alambres de tierra
- Tornillo terminal de tierra

Cuando son dos los cables que entran a la caja, el alambrado indica que corresponde a la mitad de un circuito. Los alambres negros vivos se conectan a los tornillos terminales de latón, y los blancos neutrales a los tornillos terminales plateados. El alambre de tierra se une, por medio de una coleta, a los tornillos de tierra de la caja y del contacto.

Alambrado de los contactos

Un contacto dúplex de 125 volts puede ser conectado al circuito de varias maneras. En estas páginas aparecen las más comunes.

La configuración del alambrado puede variar algo en relación con las fotografías, según sea el tipo de contacto usado, el tipo de cable o la técnica del electricista que haga el trabajo. Para llevar a cabo reparaciones o cambios confiables use cinta adhesiva para etiquetar cada alambre de acuerdo con el sitio que ocupan en los tornillos terminales del contacto.

Los contactos se alambran según estén en medio de un circuito o **en su parte final.** Estos dos alambrados básicos son fácilmente identificables contando el número de cables que entran a la caja del contacto. Las de final de circuito tienen sólo un cable, lo que indica que ahí termina el circuito. Las de en medio del circuito cuentan con dos cables, lo que indica que el circuito continúa hacia otros contactos o interruptores.

En las páginas opuestas aparece un **contacto con circuito dividido.** Cada mitad del contacto está conectada a un circuito distinto. Esto permite que puedan conectarse dos aparatos de gran consumo sin que se dispare un disyuntor o se funda un fusible. Este alambrado es semejante al de un contacto que sea controlado por un interruptor de pared. El código requiere que un **contacto controlado por un interruptor** quede siempre instalado en cualquier habitación que no cuente con una lámpara interconstruida operada por un interruptor de pared.

Los contactos divididos y los contactos controlados por un interruptor se conectan a dos alambres vivos, por lo que exigen tener cuidado durante las reparaciones o cambios. Asegúrese de que se ha quitado la lámina de conexión entre los tornillos terminales vivos.

Los contactos de dos ranuras son habituales en las casas antiguas. No cuentan con alambre de tierra unido al contacto, pero la caja puede ser puesta a tierra con cable blindado o tubo conduit (página 20).

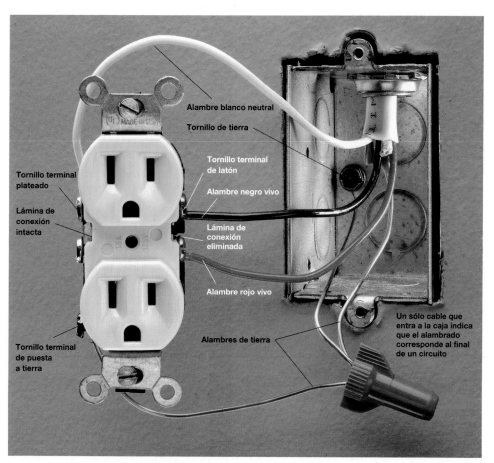

Alambre blanco neutral

Tornillo de tierra

Tornillo terminal de latón

Alambre negro vivo

Tornillo terminal plateado

Lámina de conexión intacta

Lámina de conexión eliminada

Alambre rojo vivo

Tornillo terminal de puesta a tierra

Alambres de tierra

Un sólo cable que entra a la caja indica que el alambrado corresponde al final de un circuito

Contacto dividido. Este contacto va unido a un alambre negro vivo, a un alambre rojo vivo, a un alambre blanco neutral y a un alambre desnudo de tierra. El alambrado es semejante al de un contacto controlado por medio de un interruptor.

Los alambres vivos se unen a los tornillos terminales de latón, eliminándose la lámina de conexión que aparece entre los tornillos terminales de latón. El alambre blanco se une a un tornillo terminal plateado, y la lámina de conexión en el lado neutral se conserva sin alterar. El alambre de tierra se une con una coleta al tornillo terminal de tierra del contacto y a los tornillos de tierra que están unidos a la caja.

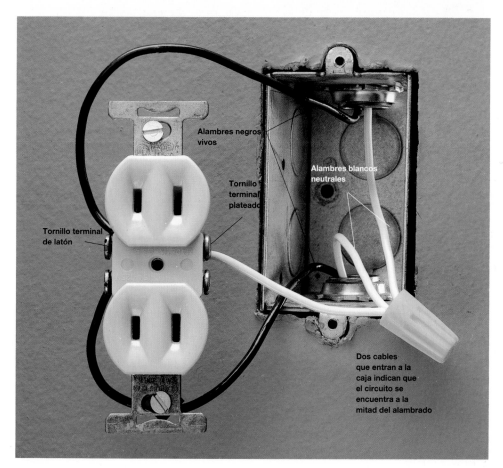

Alambres negros vivos

Alambres blancos neutrales

Tornillo terminal plateado

Tornillo terminal de latón

Dos cables que entran a la caja indican que el circuito se encuentra a la mitad del alambrado

El contacto de dos ranuras se encuentra con frecuencia en las casas antiguas. Los alambres negros vivos van conectados al tornillo terminal de latón, y los alambres blancos neutrales se unen por medio de una coleta al tornillo terminal plateado.

Los contactos de dos ranuras pueden ser cambiados por los del tipo de tres ranuras, pero sólo si se cuenta con una caja que esté puesta a tierra.

Tipos básicos de contactos

En las casas típicas se encuentran contactos de varias clases. Cada uno tiene una distribución en sus ranuras que no le permite aceptar más que un cierto tipo de clavija, y cada uno de ellos está diseñado para un determinado uso.

Los contactos caseros brindan dos clases de voltaje: normal y alto. Aunque los voltajes han cambiado de valor en cierta medida a lo largo de los años, los contactos normales están catalogados para uso con 110, 115, 120 ó 125 volts. Con el fin de facilitar cualquier cambio, estos voltajes pueden considerarse idénticos. Los contactos para alto voltaje están clasificados para 220, 240 ó 250 volts. Estos voltajes pueden considerarse idénticos.

Cuando cambie un contacto, verifique el amperaje del circuito en el tablero principal de servicio y compre un contacto con el amperaje correspondiente (página 28).

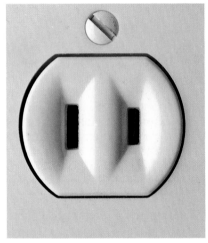

15 amperes, 125 volts. El contacto de dos ranuras polarizadas se encuentra habitualmente en las casas construidas antes de 1960. Las ranuras son diferentes en largo, para aceptar sólo clavijas polarizadas.

15 amperes, 125 volts. Los contactos de tres ranuras cuentan con dos de ellas de diferente ancho y otra en U para la puesta a tierra. Es el tipo requerido en todas las instalaciones nuevas.

20 amperes, 125 volts. Es un contacto de tres ranuras y aterrizado, que cuenta con una ranura especial en T. Se instala para uso con aparatos grandes o herramientas portátiles que requieren 20 amperes de corriente.

15 amperes, 250 volts. Se usa sobre todo para los acondicionadores de aire instalados en la ventana. Puede obtenerse como unidad sencilla o como mitad de un contacto dúplex, con la otra mitad alambrada para 125 volts.

30 amperes, 125/250 volts. Se usa para secadoras de ropa. Suministra corriente de alto voltaje para las hornillas de las estufas y de 125 volts para luces y para interruptores de tiempo.

50 amperes, 125/250 volts. Se utiliza para las estufas. La corriente de alto voltaje suministra energía para las hornillas y corriente de 125 volts para relojes y luces.

Contactos antiguos

Los contactos antiguos pueden tener un aspecto distinto al de los modernos, pero la mayoría de ellos se mantiene en buen funcionamiento. Siga las sencillas reglas que damos a continuación para evaluar o para cambiar los contactos antiguos:

• Nunca cambie un contacto antiguo con otro de diferente voltaje o con mayor amperaje.
• Cualquier contacto de dos ranuras no polarizadas debe ser cambiado con otro de dos o tres ranuras polarizado.
• Si no es posible contar con una tierra en la caja del interruptor, instale un interruptor de circuito por falla de tierra GFCI (páginas 74 a 77).
• Si tiene dudas busque el consejo de un electricista calificado.

Nunca trate de alterar las patas de una clavija para acomodarla a otro contacto. Al hacerlo puede eliminar la puesta a tierra o la polarización de la clavija.

Los contactos no polarizados tienen ranuras del mismo ancho. Las clavijas modernas pueden no entrar en estos contactos. No modifique nunca las patas de una clavija polarizada para que entre en las ranuras de un contacto no polarizado.

Los contactos instalados superficialmente fueron populares en las décadas de 1940 y 1950 por su fácil instalación. El alambrado solía correr por la parte de atrás de las molduras en hueco. Estos interruptores estaban habitualmente desprovistos de tierras.

Los contactos dúplex de cerámica se fabricaron en la década de 1930. Estaban polarizados, pero sin tierras, y pueden ser alambrados para 125 ó 250 volts.

Los contactos con giro están diseñados para que las clavijas entren en los mismos y sean giradas. Una pequeña lengüeta al extremo de una de las patas impide que se saque la clavija del contacto.

El contacto dúplex de cerámica tiene una forma única de reloj de arena. El contacto que aparece en la foto está clasificado como de 250 volts, pero sólo 5 amperes, y no es aceptado actualmente por los códigos.

Contactos para alto voltaje

Los contactos para alto voltaje suministran elevadas corrientes a los aparatos como secadores de ropa, estufas, calentadores de agua y acondicionadores del aire. La forma de un contacto para alto voltaje no le permite aceptar (página 66) una clavija para 125 volts.

Un contacto para alto voltaje puede ser alambrado de dos maneras. En un contacto estándar para alto voltaje la energía llega al contacto por medio de dos alambres vivos de 125 volts como máximo. No se requiere alambre neutral, pero debe conectarse un alambre de tierra al contacto y a la caja metálica del mismo.

Un secador de ropa o una estufa puede requerir también la corriente normal (de 125 volts como máximo), para su uso en luces, relojes y para interruptores de tiempo. En este caso habrá también un alambre neutral que irá al contacto. El aparato por sí mismo dividirá la corriente en dos circuitos, uno de 125 y otro de 250 volts.

Las reparaciones o cambios en los contactos de alto voltaje usan las técnicas que se muestran en las páginas 72 a 73. Es importante identificar y rotular todos los alambres del contacto en uso para que el nuevo contacto quede alambrado correctamente.

Un contacto clasificado para 125/250 volts tiene dos alambres vivos de entrada, cada uno con carga de 125 volts, además de un alambre blanco neutral. Un alambre de tierra debe ser conectado a la caja de metal del contacto. Las conexiones se hacen por medio de tornillos terminales prisioneros en la parte trasera del contacto.

Un contacto estándar clasificado para 250 volts tiene dos alambres vivos y no lleva alambre neutral. Un alambre de tierra se conecta a la caja de metal del contacto por medio de una coleta.

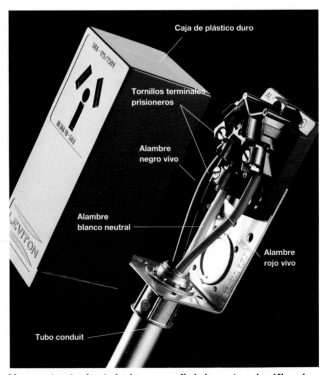

Un contacto instalado superficialmente clasificado para 250 volts tiene una caja de plástico duro que puede ser instalada sobre concreto o paredes de piedra. Los contactos superficiales son comunes en sótanos y talleres.

Contactos y otros accesorios para protección de los niños

Tape los contactos para protección de los niños o adáptelos para usos especiales, agregándoles algunos accesorios. Antes de instalar los accesorios, lea con cuidado las instrucciones del fabricante.

Las personas que tengan niños pequeños en casa deben instalar tapas o cubiertas poco costosas para protegerlos contra choques eléctricos accidentales.

Las tapas de plástico no conducen la electricidad, y a un niño pequeño le resulta prácticamente imposible desmontarlas. Las cubiertas de plástico se adaptan directamente al contacto y se ajustan sobre las clavijas, impidiendo que se jalen las extensiones.

Proteja a los niños contra la posibilidad de un choque eléctrico. Coloque tapas de protección en cualquier contacto que no esté en uso.

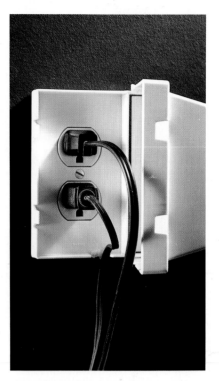

Evite accidentes instalando una cubierta en el contacto para evitar que puedan desconectarse las extensiones o las clavijas.

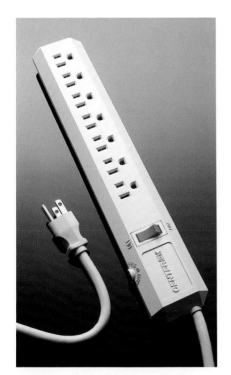

Instale más de dos clavijas en un contacto dúplex usando una tira multicontacto. Ésta deberá tener un circuito interconstruido, con fusible o disyuntor, que impida las sobrecargas.

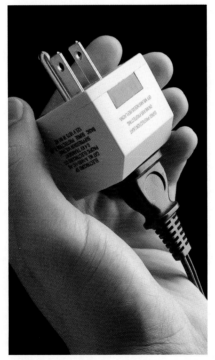

Proteja los aparatos electrónicos, tales como la computadora del hogar o el estéreo, por medio de un protector contra subidas rápidas del voltaje. De esta manera evitará averías a los alambrados o circuitos sensibles ocasionadas por subidas o descensos bruscos del voltaje.

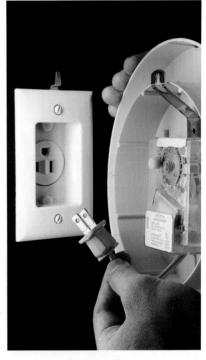

Los contactos ocultos en la pared permiten instalar un reloj para que quede plano sobre la superficie de la misma.

Puntas de metal

Agarraderas aisladas

Lámpara

Prueba de contactos: energía, aterrizaje y polaridad

Compruebe la energía para asegurarse de que el voltaje no llega hasta el contacto cuando vaya a realizar una reparación o un cambio. **Compruebe si existe tierra cuando planee cambiar un contacto.** Esta prueba indicará si un contacto en uso está aterrizado, y si el que se vaya a instalar debe ser de dos ranuras polarizadas, de tres ranuras con tierra, o un interruptor de circuito por falla de tierra.

Si la prueba indica que el alambre vivo y el neutral están invertidos (página 121), asegúrese de instalar correctamente los alambres en el nuevo contacto. **Pruebe cuáles son los alambres vivos** si usted necesita confirmar cuáles son los que llevan corriente.

Con un probador de circuitos de neón, muy barato, resulta fácil hacer estas pruebas. Cuenta con un pequeño foco que se enciende cuando fluye la energía eléctrica por el mismo.

Recuerde que el probador sólo enciende cuando forma parte de un circuito completo. Por ejemplo, si se toca un alambre vivo con una de las patas del probador, pero la otra queda suelta, sin tocar nada, la luz no se encenderá, aun cuando el alambre vivo tiene voltaje. Al usar el probador tenga cuidado de no tocar las puntas metálicas del mismo.

Cuando pruebe si hay energía o si hay tierra, confirme cualquier resultado negativo (cuando no enciende el foco), desmontando la tapa del interruptor para examinar el contacto y asegurarse de que todos los alambres están intactos y conectados correctamente. Nunca toque un alambre sin haber cortado la corriente en el tablero de servicio.

Todo lo que necesita:

Herramientas: probador neón de circuitos y desarmador.

Cómo ver si un contacto tiene energía

1 Corte la energía en el tablero principal de servicio. Coloque una punta del probador en cada ranura del contacto. El probador no debe encenderse. Si lo hace es que no se cortó la corriente al circuito correcto. Pruebe los dos lados de un circuito dúplex. Recuerde que se trata de una prueba preliminar. Deberá confirmarla quitando la tapa y probando si hay energía en los tornillos y alambres del contacto (paso 2).

2 Quite la tapa del contacto. Quite los tornillos de sujeción y saque con cuidado el contacto de su caja. Tenga cuidado de no tocar ningún alambre. Toque con una de las puntas del probador el tornillo terminal de latón, y con la otra el tornillo plateado. El probador no debe encender; si lo hace deberá cortar el circuito correcto en el tablero de servicio. Si los dos juegos de terminales tienen alambres conectados pruebe ambos juegos.

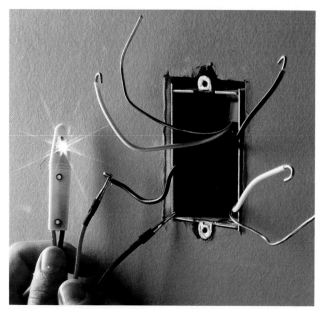

Pruebe un interruptor de tres ranuras para determinar si tiene tierra. Con la energía conectada coloque una punta del probador en la ranura angosta (viva) y la otra en la ranura en forma de U de la tierra. El probador debe encender. Si no lo hace coloque una punta en la ranura ancha (neutral) y la otra en la de tierra. Si se enciende el probador demostrará que las conexiones del alambre vivo y del neutral están invertidas (página 121). Si el probador no se enciende en ninguna posición se debe a que el interruptor no está puesto a tierra.

Pruebe los alambres vivos. En ocasiones puede ser necesario determinar cuál alambre es vivo. Con la energía cortada separe cuidadosamente las puntas de los alambres de manera que no se toquen entre ellos ni con cualquier otra cosa. Vuelva a dar energía al circuito en el tablero de servicio. Toque con una punta del probador el alambre desnudo de cobre de tierra o la caja metálica aterrizada, y con la otra punta toque los extremos de cada uno de los alambres. Pruebe todos los alambres. Si el probador brilla, el alambre es vivo. Etiquete todos los alambres para su identificación y corte la energía en el tablero de servicio antes de continuar el trabajo.

Cómo probar un contacto de dos ranuras para ver si tiene tierra

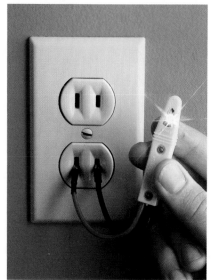

1 Con la energía conectada, coloque una de las puntas del probador de neón en cada una de las ranuras. La luz del probador debe encenderse. Si no lo hace es que el contacto no tiene energía.

2 Meta una de las patas del probador en la ranura angosta (viva), y toque con la otra el tornillo de la tapa. La cabeza del tornillo deberá estar sin pintura, suciedad o grasa. Si el probador se enciende, la caja del contacto está puesta a tierra. Si no enciende vea el paso 3.

3 Coloque una punta del probador en la ranura ancha (neutral) y toque con la otra el tornillo de la tapa. Si el probador se enciende, la caja del probador está puesta a tierra, pero los alambres vivo y neutral están invertidos (página 121). Si el probador no se enciende, la caja no está puesta a tierra.

Reparación y cambio de contactos

Cómo reparar un contacto

Los contactos son fáciles de reparar. Después de cortar la energía al contacto, desmonte la tapa e inspeccione el contacto en busca de anormalidades tan obvias como una conexión floja, suelta o rota, o los extremos de los alambres oxidados o sucios. Recuerde que el problema de un contacto puede afectar a otros contactos del mismo circuito. Si la causa de la falla no es visible vea si otros contactos del circuito tienen energía (página 70).

Al cambiar un contacto compruebe el amperaje del circuito en el tablero principal de servicio, y compre el contacto del amperaje adecuado (página 34).

Al instalar un contacto nuevo compruebe siempre la tierra (páginas 70 a 71). Nunca instale un contacto de tres ranuras en donde no exista tierra. En su lugar, instale un contacto polarizado de dos ranuras, u otro de circuito por falla de tierra (GFCI).

Todo lo que necesita:

Herramientas: probador neón de circuitos, desarmador, aspiradora (si es necesaria).
Materiales: papel lija fino, pasta antioxidante (si es necesaria).

Vea el Libro de notas del inspector:

• Inspección de la caja de conexiones (páginas 116 a 117).
• Inspección de interruptores y contactos (página 120).

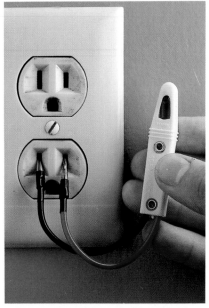

1 Corte la energía en el tablero de servicio. Compruebe si hay energía por medio de un probador de neón (página 70). Pruebe las dos partes de un contacto dúplex. Desmonte la tapa con un desarmador.

2 Quite los tornillos de sujeción que unen el contacto con la caja. Saque cuidadosamente el contacto de la caja. Tenga cuidado de no tocar ningún alambre desnudo.

3 Confirme que no hay energía cuando haya sacado el contacto (página 70). Use para ello el probador neón de circuitos. Si hay alambres sujetos a los dos juegos de terminales, pruebe las dos. El probador no debe encender. Si enciende debe cortar bien la energía en el tablero de servicio.

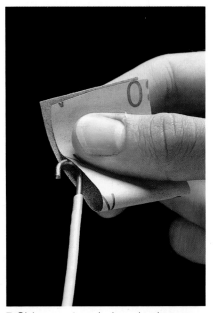

4 Si las puntas de los alambres se ven oscuras o sucias, desconéctelas una por una y límpielas con papel de lija. Si los alambres son de aluminio aplíqueles pasta antioxidante antes de reconectarlos. La pasta antioxidante se puede comprar en las ferreterías.

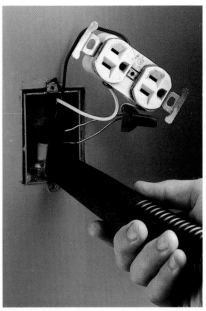

5 Apriete todas las conexiones con un desarmador. Tenga cuidado para no excederse, pues puede barrer las roscas.

6 Vea si la caja está sucia, y si es necesario límpiela con una aspiradora usando su boquilla estrecha.

7 Vuelva a instalar el contacto y conecte la energía al circuito en el tablero de servicio. Pruebe si los contactos tienen energía usando el probador neón. Si no tiene energía pruebe otros contactos del mismo circuito antes de hacer cambios.

Cómo cambiar un contacto

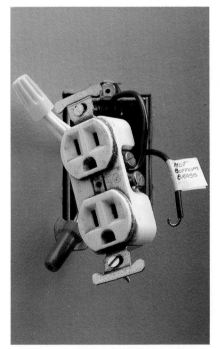

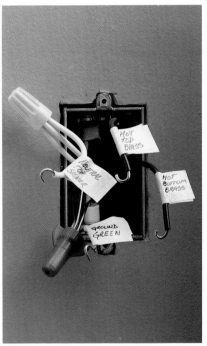

1 Para cambiar un contacto repita los pasos 1 a 3 de la página anterior. Con la energía desconectada etiquete cada alambre en cuanto a su sitio en el contacto y sus tornillos terminales, usando para ello cinta adhesiva y un plumín o marcador.

2 Desconecte todos los alambres y desmonte el contacto.

3 Reemplace el contacto con otro del mismo amperaje y voltaje (página 28). Coloque la tapa y conecte la energía en el circuito. Pruebe los contactos con el probador neón (páginas 70 a 71).

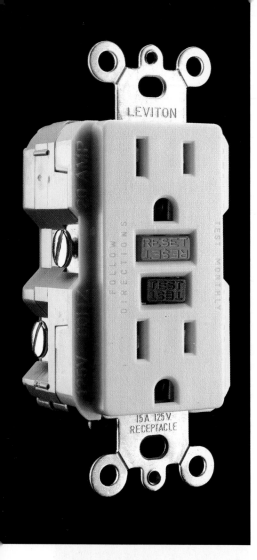

Contacto con interruptor por fallas tipo GFCI

Este tipo de contacto es un aparato seguro, ya que protege contra los choques eléctricos ocasionados por un aparato defectuoso o por una extensión o clavija defectuosas. Este contacto percibe leves cambios en el flujo de la corriente y puede cortar la energía en 1/40 de segundo.

Cuando ponga al día su alambrado, instalando nuevos circuitos o cambiando contactos, deberá instalar estos interruptores, pues son requeridos en los cuartos de baño, la cocina, los garages, los espacios estrechos, los sótanos sin terminar y en las instalaciones afuera de la casa. Se instalan fácilmente como reemplazos de seguridad en cualquier caja para contacto dúplex. Consulte los códigos locales en relación con la instalación de estos contactos.

El contacto GFCI puede ser alambrado para protegerse únicamente él mismo (protección individual), o alambrado para proteger todos los contactos, interruptores y lámparas desde el GFCI "en adelante" hasta el final del circuito (protección múltiple). No protege los aparatos que se encuentran entre su ubicación y el tablero de servicio.

Por ser tan sensible, es el más eficaz cuando se le conecta para proteger una sola ubicación. Cuantos más contactos proteja un contacto GFCI, mayor será la posibilidad de "disparos fantasmas en los disyuntores", cortando la energía por haberse producido las leves fluctuaciones normales en el flujo de corriente.

Todo lo que necesita:

Herramientas: probador neón de circuitos, desarmador.

Materiales: capuchones roscados, cinta adhesiva.

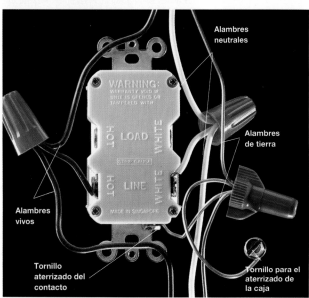

El contacto GFCI alambrado para protección individual (visto por su parte posterior) cuenta con alambres vivo y neutral conectados solamente a los tornillos terminales marcados LÍNEA. Puede ser alambrado para protección individual tanto al final como en medio de un circuito (página 64).

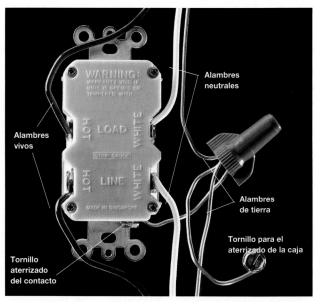

El contacto GFCI alambrado para protección múltiple (visto por su parte posterior) tiene un juego de alambres vivos y neutrales conectados al par de terminales de LÍNEA, y otro juego conectado al par de terminales marcados CARGA (LOAD). Uno de estos contactos alambrado para protección múltiple sólo puede estar situado para su alambrado en la parte intermedia del circuito.

Cómo instalar un contacto GFCI para protección individual

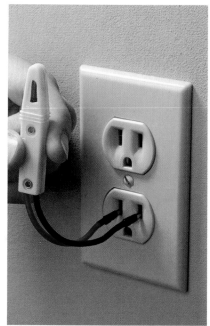

1 Corte la energía al contacto en el tablero principal de servicio. Compruebe si sigue teniendo energía por medio de un probador neón (página 70). Compruebe, para su seguridad, ambas mitades del contacto.

2 Quite la tapa y afloje los tornillos de montaje, y suavemente retire el contacto de la caja. No toque los alambres. Confirme que se cortó la energía al contacto usando un probador de neón (página 70).

3 Desconecte todos los alambres neutrales de los tornillos terminales plateados del contacto viejo.

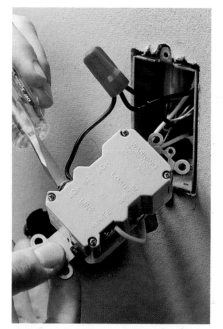

4 Reúna con una coleta todos los alambres neutrales y conecte la coleta al terminal marcado LÍNEA BLANCA (WHITE LINE) del contacto GFCI (ver foto en la página anterior).

5 Desconecte todos los alambres negros (vivos) de los tornillos terminales de latón del contacto viejo. Reúnalos con una coleta y conéctelos al terminal marcado LÍNEA VIVA (HOT LINE) del contacto GFCI.

6 Si se dispone de un alambre de tierra, desconéctelo del contacto viejo y conéctelo al tornillo terminal verde de tierra del contacto GFCI. Coloque éste en la caja del contacto y póngale la tapa. Conecte la energía y pruebe el GFCI siguiendo las instrucciones del fabricante.

Cómo instalar el contacto GFCI para protección múltiple

1 Use un diagrama de los circuitos de su casa (páginas 30 a 33) para determinar el sitio dónde instalar el GFCI. Indique todos los contactos que quedarán protegidos mediante la instalación del GFCI.

2 Corte la energía al circuito correcto desde el tablero principal. Pruebe todos los contactos del circuito usando un probador neón para asegurarse de que se cortó la energía al circuito. Pruebe siempre las dos mitades de los contactos dúplex.

3 Quite la tapa del contacto que vaya a ser cambiado por el GFCI. Quite los tornillos de montaje y retire suavemente el contacto de la caja. Tenga cuidado de no tocar ningún alambre desnudo. Por medio del probador de neón confirme que se cortó la energía (página 70).

4 Desconecte todos los alambres negros vivos. Separe cuidadosamente los alambres negros y colóquelos de manera que sus puntas desnudas no toquen nada. Conecte la energía al circuito en el tablero principal. Determine cuál de los alambres negros es el de "alimentación", probando los alambres vivos (página 71). El alambre de alimentación es el que trae la energía al contacto desde el tablero de servicio. Tenga cuidado. Ésta es una prueba "viva", y la energía ha sido conectada temporalmente.

5 Una vez que haya encontrado el alambre vivo de alimentación corte la energía en el tablero de servicio. Identifique el alambre vivo de alimentación marcándolo con un trozo de cinta adhesiva.

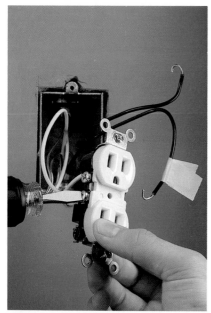

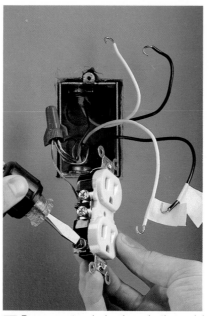

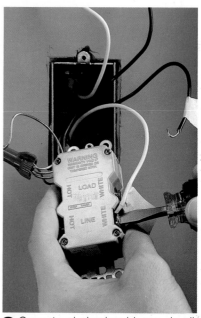

6 Desconecte los alambres blancos neutrales del contacto viejo. Identifique el alambre blanco de alimentación y colóquele un trozo de cinta adhesiva. El alambre blanco de alimentación será el que comparte el mismo cable con el alambre negro vivo de alimentación.

7 Desconecte el alambre de tierra del tornillo terminal de tierra del contacto viejo. Elimine el contacto viejo. Conecte el alambre de tierra al tornillo terminal de tierra del contacto GFCI.

8 Conecte el alambre blanco de alimentación al tornillo terminal marcado LÍNEA BLANCA (WHITE LINE) del GFCI. Conecte el alambre negro de alimentación al terminal marcado LÍNEA VIVA (HOT LINE) del GFCI.

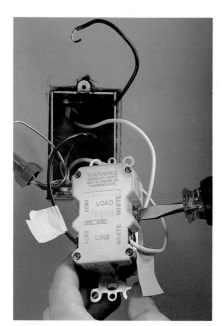

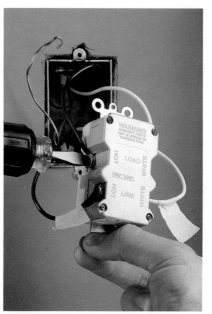

9 Conecte el otro alambre blanco neutral al terminal marcado CARGA BLANCA (WHITE LOAD) en el contacto GFCI.

10 Conecte el otro alambre negro vivo al terminal marcado CAR-GA VIVA (HOT LOAD) del GFCI.

11 Meta cuidadosamente todos los alambres en la caja del contacto. Instale el GFCI en la caja y ponga la tapa. Active el circuito en el tablero de servicio. Pruebe el GFCI siguiendo las instrucciones del fabricante.

Reparación y cambio de las lámparas incandescentes

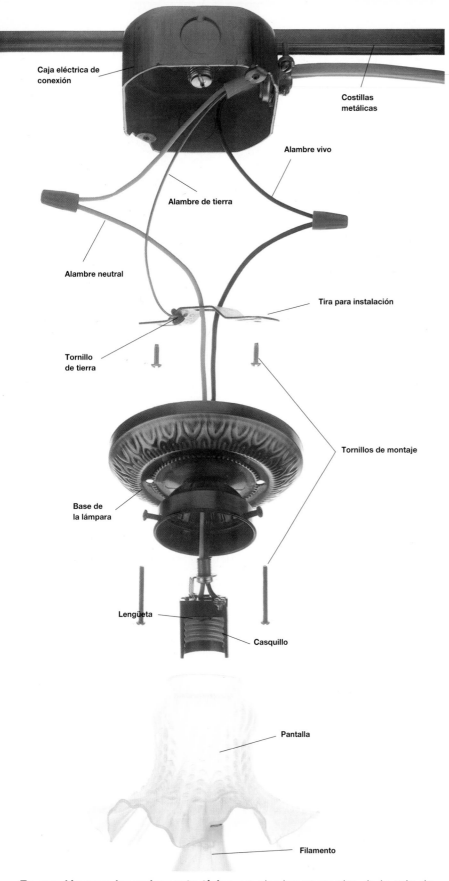

Caja eléctrica de conexión

Costillas metálicas

Alambre vivo

Alambre de tierra

Alambre neutral

Tira para instalación

Tornillo de tierra

Tornillos de montaje

Base de la lámpara

Lengüeta

Casquillo

Pantalla

Filamento

En una lámpara incandescente típica, un alambre negro vivo de la caja de conexión lleva la energía a una pequeña lengüeta situada en el fondo del casquillo metálico. La energía fluye a través de un filamento de metal situado dentro del foco, haciéndole calentarse y brillar. La energía pasa por la parte roscada del casquillo y va de regreso al tablero de servicio por conducto del alambre blanco neutral.

Las luces incandescentes van sujetas de modo permanente a los techos o a las paredes. Forman parte de ellas candelabros sujetos a la pared, globos colgados del techo, luces ocultas y candelabros colgantes. La mayor parte de las luces incandescentes son fáciles de reparar, usando herramientas básicas y partes poco costosas.

Las lámparas deslizables, otro tipo de luz incandescente, son difíciles de instalar y arreglar, y deben ser reparadas o cambiadas por un electricista.

Si falla una luz empiece por probar el foco, para asegurarse de que está bien roscado y apretado y que no se ha fundido. Un foco en mal estado es la causa más frecuente de fallas. Si la luz está controlada por un interruptor de pared pruebe también el interruptor como fuente posible de problemas (páginas 42 a 61).

Las luces pueden fallar por desgaste de los casquillos o de los interruptores interconstruidos. En algunas lámparas se cuenta con casquillos que pueden ser desmontados para reparaciones menores. Estos casquillos van sujetos a la base de la lámpara por medio de un tornillo o grapa. Otras lámparas tienen casquillos que van unidos permanentemente a la base. Cuando este tipo de casquillos falla es necesario comprar una lámpara nueva.

Los daños a las luces se producen frecuentemente porque los dueños de las casas instalan focos de luz con un wattaje demasiado alto. Evite el sobrecalentamiento y las fallas usando sólo focos que coincidan con el wattaje que se indica en las lámparas.

Las técnicas para reparar las luces incandescentes son distintas de las aplicadas a las luces fluorescentes. Consulte las páginas 88 a 93 para la reparación o cambio de las luces fluorescentes.

Todo lo que necesita:

Herramientas: probador de continuidad, probador neón de circuitos, desarmador, herramienta de combinación.

Materiales: partes de reemplazo según se necesiten.

Vea el Libro de notas del inspector:

• Problemas comunes con los cables (págs. 112 a 113).
• Comprobación de las conexiones entre alambres (págs. 114 a 115).
• Inspección de cajas de conexión (págs. 116 a 117).

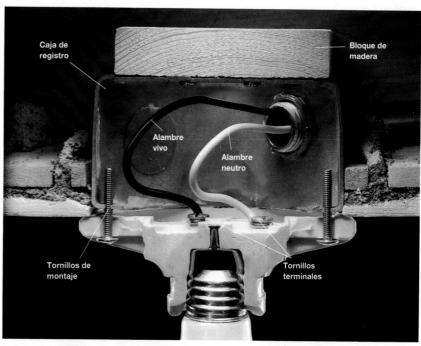

Caja de registro

Bloque de madera

Alambre vivo

Alambre neutro

Tornillos de montaje

Tornillos terminales

Antes de 1959 las lámparas de luz incandescente (mostrada aquí en corte) se montaban con frecuencia en forma directa en una caja de registro o listones de yeso. Los códigos de instalaciones eléctricas requieren ahora que las lámparas de luz se sujeten a bandas para montaje que quedan ancladas a las cajas de registro (página anterior). Si el lector tiene una lámpara sujeta a un listón de yeso deberá instalar una caja de registro aprobada, con una banda para montaje que sostenga la lámpara (páginas 38 a 41).

Problema	Reparación
La lámpara de techo o de pared parpadea o no se enciende.	1. Pruebe si el foco de la lampara falla. 2. Pruebe el interruptor de pared o cámbielo si es necesario (páginas 42 a 61). 3. Compruebe si hay alambres sueltos en la caja de registro. 4. Pruebe el casquillo y cámbielo si es necesario (páginas 80 a 81). 5. Cambie la lámpara (página 82).
El interruptor que va en la misma lámpara no funciona.	1. Pruebe si el foco de la lámpara falla. 2. Compruebe si hay conexiones sueltas en el interruptor. 3. Cambie el interruptor (página 81). 4. Cambie la lámpara (página 82).
El candelabro parpadea o no se enciende.	1. Pruebe si los focos de la lámpara fallan. 2. Pruebe el interruptor de pared y repárelo, o cámbielo si es necesario (páginas 42 a 61). 3. Compruebe si hay conexiones sueltas en la caja de registro. 4. Pruebe los casquillos y cámbielos si es necesario (páginas 86 a 87).
La lámpara oculta parpadea o no enciende.	1. Pruebe si el foco de la lámpara falla. 2. Pruebe el interruptor de pared y repárelo, o cámbielo si es necesario (páginas 42 a 61). 3. Compruebe si hay conexiones sueltas en la caja de registro. 4. Pruebe los casquillos y cámbielos si es necesario (páginas 83 a 84). 5. Cambie la lámpara oculta (página 85).

Cómo desmontar una lámpara y cómo probar un casquillo

Tornillo de aterrizaje

1 Corte en el tablero principal de servicio la energía que va a la lámpara. Desmonte el foco y cualquier pantalla o globo, y a continuación quite los tornillos de montaje que sujetan la base de la lámpara a la caja de registro o a la banda de montaje. Con cuidado separe de la caja la base de la lámpara.

2 Compruebe si hay energía tocando con una punta del probador neón de circuitos el tornillo verde de tierra, metiendo a continuación la otra punta en cada capuchón roscado. El probador no debe encenderse, y si lo hace es que hay energía que entra a la caja. Regrese al tablero de servicio y corte la energía al circuito correcto.

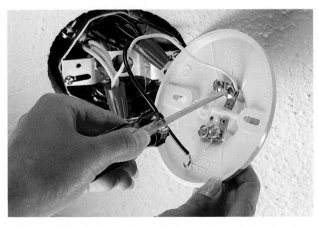

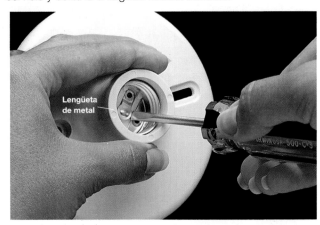

Lengüeta de metal

3 Desconecte la base de la lámpara aflojando los tornillos terminales. Si la lámpara tiene conectores de alambre en vez de tornillos terminales, desmonte la base de la lámpara desenroscando los capuchones roscados.

4 Ajuste la lengüeta de metal del fondo del casquillo de la lámpara moviéndola ligeramente hacia arriba por medio de un desarmador pequeño. Este ajuste mejorará el contacto entre el casquillo y el foco.

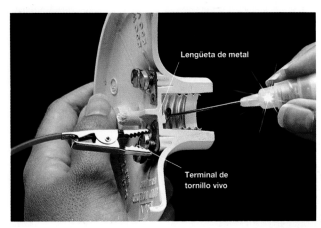

Lengüeta de metal

Terminal de tornillo vivo

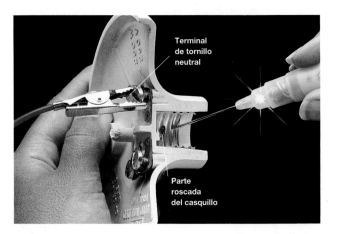

Terminal de tornillo neutral

Parte roscada del casquillo

5 Pruebe el casquillo (mostrado en corte) uniendo la pinza del probador de continuidad al tornillo terminal vivo (o al conector de alambre negro), tocando con la punta de prueba la lengüeta situada en la base del casquillo. El probador deberá encender. Si no lo hace, el casquillo está defectuoso y debe ser cambiado.

6 Coloque la pinza del probador en el tornillo terminal neutro (o al conector de alambre blanco) y con la punta toque la parte roscada del casquillo. El probador debe encender, en caso contrario está defectuoso y deberá ser cambiado. Si el casquillo va unido permanentemente a la lámpara, cambie ésta (página 82).

Cómo cambiar un casquillo

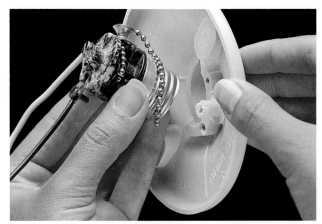

1 Desmonte la lámpara (pasos 1 a 3, página anterior). Desmonte el casquillo de la lámpara. Puede estar sujeto por medio de un tornillo, una grapa o un anillo de retención. Desconecte los alambres que van al casquillo.

2 Compre un casquillo idéntico de repuesto. Conecte el alambre blanco al terminal plateado del casquillo, y conecte el alambre negro al tornillo terminal de latón. Meta el casquillo a la base y reinstale la lámpara.

Cómo probar y cambiar un interruptor interconstruido

Anillo
retén

1 Desmonte la lámpara (pasos 1 a 3, página anterior). Destornille el anillo que sujeta el interruptor.

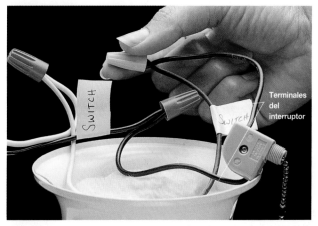

Terminales
del
interruptor

2 Etiquete los alambres que van conectados al interruptor. Desconecte las conexiones del interruptor y quítelo.

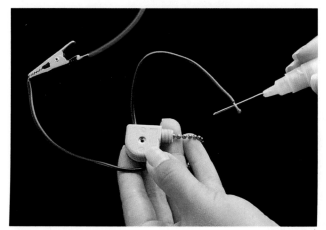

3 Pruebe el interruptor sujetando la pinza del probador de continuidad a uno de los conectores del interruptor, sujetando la punta de prueba al otro conector. Haga funcionar el control. Si el interruptor está bien, el probador encenderá cuando el interruptor esté en una posición, pero no en las dos.

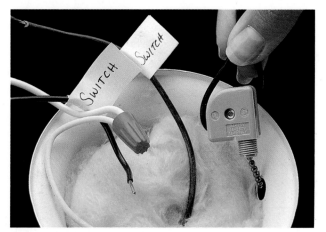

4 Si el interruptor está mal, compre e instale un duplicado exacto del interruptor. Vuelva a montar la lámpara y vuelva a poner energía en el tablero de servicio.

Cómo cambiar una lámpara de luz incandescente

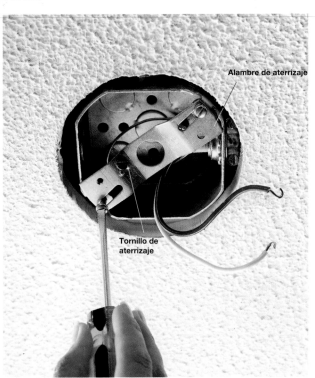

1 Quite la energía y desmonte la lámpara vieja, siguiendo las instrucciones correspondientes a las lámparas estándar (página 80, pasos 1 a 3) o a los candelabros (páginas 86 a 87, pasos 1 a 4).

2 Sujete una banda para montaje a la caja de registro, en caso de que no se cuente ya con ella. La banda de montaje, incluida en la lámpara nueva, tiene un tornillo pre-instalado de toma de tierra.

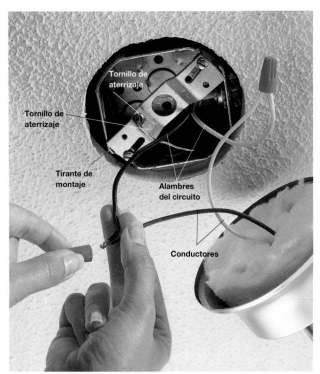

3 Conecte los alambres del circuito a la base de la nueva lámpara, usando capuchones roscados. Conecte el conector blanco al alambre blanco del circuito, y el conector negro al alambre negro del circuito. Coloque una coleta al alambre desnudo de tierra y conéctela al tornillo de tierra de la banda para montaje.

4 Sujete la base de la lámpara a la banda para montaje usando los tornillos de montaje. Agregue el globo e instale un foco del mismo número de watts que lo indicado en la base de la lámpara. Vuelva a conectar la energía en el tablero de servicio.

Reparación y cambio de las lámparas ocultas

La mayoría de los problemas que se presentan en las lámparas ocultas se deben a que el calor generado dentro del recipiente de metal funde el aislamiento de los alambres del casquillo. En algunas de estas lámparas pueden cambiarse los casquillos que tienen quemados los alambres, separándolos de la lámpara y cambiándolos. Sin embargo, las lámparas ocultas más modernas cuentan con casquillos que no pueden ser separados. Con este tipo de lámparas será necesario comprar una lámpara nueva si los casquillos de la vieja están dañados.

Al comprar una luz oculta nueva, elija el repuesto que coincida con la lámpara vieja. Instale la luz nueva en el espacio metálico que se encuentra ya montado.

Cuide que el aislamiento se encuentre por lo menos a 8 cm (3 pulgadas) de la caja de metal de la lámpara oculta. Si el aislamiento está demasiado cerca, atrapará el calor y podrá dañar los alambres del casquillo.

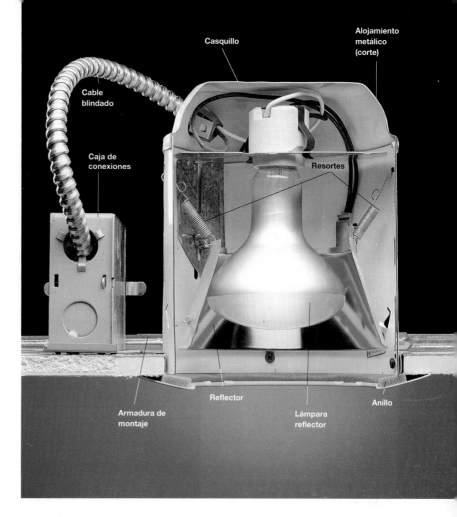

Casquillo

Alojamiento metálico (corte)

Cable blindado

Caja de conexiones

Resortes

Reflector

Armadura de montaje

Lámpara reflector

Anillo

Cómo desmontar y probar una lámpara oculta

Resortes

Reflector

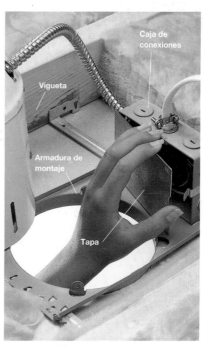

Caja de conexiones

Vigueta

Armadura de montaje

Tapa

1 Corte la energía que va a la luz en el tablero principal de servicio. Desmonte el reborde, el foco y el reflector. Éste queda sujeto al recipiente por medio de pequeños resortes o grapas para montaje.

2 Afloje los tornillos o grapas que sujetan el recipiente a la armadura de montaje. Levante cuidadosamente el recipiente y sepárelo de la abertura del armazón.

3 Quite la tapa de la caja de conexiones. La caja está sujeta a la armazón de montaje entre las vigas del techo.

(Continúa en la página siguiente)

Cómo desmontar y probar una lámpara oculta (continuación)

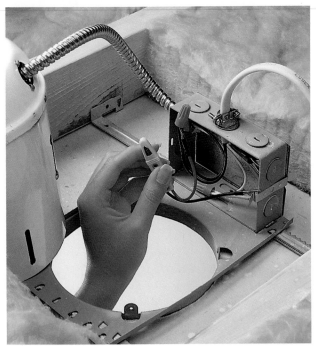

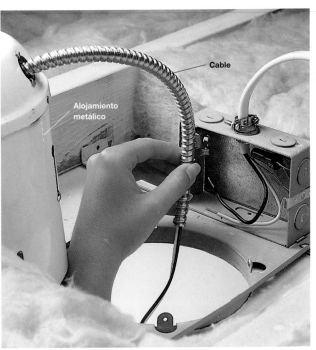

4 Pruebe si hay energía, tocando con una punta del probador de neón la caja de conexiones puesta a tierra, y metiendo la otra punta en cada uno de los capuchones roscados. El probador no deberá encender; si lo hace es que sigue llegando energía a la caja. Vuelva al tablero de servicio y apague el circuito correcto.

5 Desconecte los alambres blanco y negro del circuito, quitando los capuchones roscados. Retire el cable blindado de la caja de conexión. Saque el recipiente por la abertura del armazón.

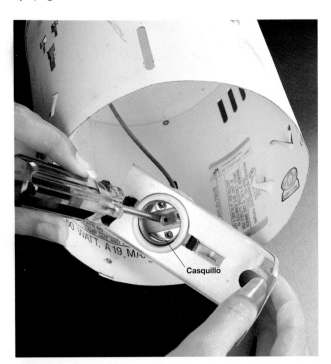

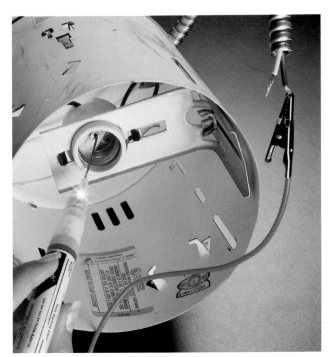

6 Ajuste la lengüeta situada al fondo del casquillo, elevándola ligeramente con un desarmador pequeño. Este ajuste mejora el contacto con el foco.

7 Para probar el casquillo, sujete la pinza del probador de continuidad al alambre negro de la lámpara, y toque con la punta del probador la lengüeta en el fondo del casquillo. Sujete ahora la pinza al alambre blanco, y toque con la punta del probador la parte roscada del casquillo. El probador deberá encender en cada prueba; en caso contrario el casquillo está defectuoso. Cambie el casquillo o instale una lámpara nueva (página siguiente).

Cómo cambiar una lámpara oculta

1 Desmonte la lámpara vieja (páginas 83 a 84). Compre una lámpara nueva que sea igual a la vieja. Aun cuando la lámpara nueva venga con su propio armazón para montaje es más fácil montar la lámpara nueva con el armazón viejo que ya está en su lugar.

2 Meta el recipiente de la lámpara en la cavidad del techo y meta los alambres por las aberturas de la caja de conexión. Introduzca el cable blindado en la caja de conexiones para asegurarlo.

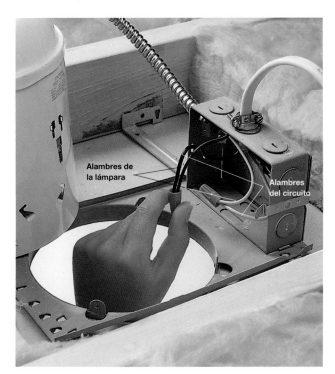

Alambres de la lámpara

Alambres del circuito

3 Conecte el alambre blanco de la lámpara al alambre blanco del circuito, y el alambre negro de la lámpara al alambre negro del circuito. Use para ello capuchones roscados. Sujete la tapa a la caja de conexión. Asegúrese de que cualquier aislamiento de la construcción se encuentre a 8 cm por lo menos (3 pulgadas) del recipiente y de la caja de conexión.

4 Coloque el recipiente dentro del armazón de montaje, y ponga los tornillos o grapas de montaje. Agregue el reflector y el reborde. Instale un foco con watts iguales o más bajos que lo indicado en la lámpara. Conecte la energía en el tablero principal de servicio.

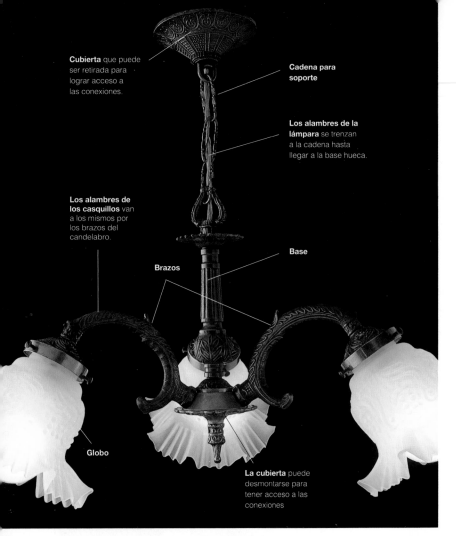

Cubierta que puede ser retirada para lograr acceso a las conexiones.

Cadena para soporte

Los alambres de la lámpara se trenzan a la cadena hasta llegar a la base hueca.

Los alambres de los casquillos van a los mismos por los brazos del candelabro.

Brazos

Base

Globo

La cubierta puede desmontarse para tener acceso a las conexiones

Reparación de candelabros

La reparación de un candelabro requiere de un cuidado especial. Por ser pesados, conviene trabajar con un ayudante cuando se vaya a desmontar un candelabro. Debe sostenerse el candelabro para que su peso no recaiga sobre los alambres.

Los candelabros cuentan con dos alambres que se entrelazan con la cadena que los soporta, y que van desde la caja eléctrica de conexiones hasta la base hueca del candelabro. Los alambres de los casquillos se conectan a los alambres del candelabro en la base hueca del mismo.

Los alambres del candelabro se identifican como vivo y neutral. Vea con atención las letras impresas o una tira de color en uno de los alambres. Se trata del alambre neutral, y se le conecta al alambre blanco del circuito y al alambre blanco del casquillo. El otro alambre, sin marca, es el alambre vivo, y se le conecta a los alambres negros.

Si se trata de un candelabro nuevo, puede tener un alambre de tierra que pasa por la cadena soporte hasta la caja eléctrica. Si existe este alambre asegúrese de que se le conecta a los alambres de tierra de la caja.

Cómo reparar un candelabro

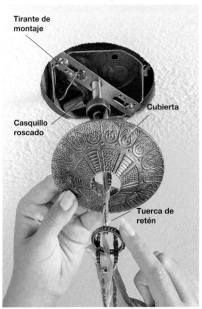

Tirante de montaje

Casquillo roscado

Cubierta

Tuerca de retén

Tirante de montaje

Tornillo de montaje

Tuerca retén

1 Etiquete las luces que no estén trabajando usando cinta adhesiva. Corte la energía que va al candelabro en el tablero principal de servicio. Desmonte los focos y todas las pantallas o globos.

2 Destornille la tuerca de retención y baje la tapa decorativa separándola de la caja de conexión. La mayoría de los candelabros están sostenidos por un niple roscado sujeto a una banda de montaje.

Variación en el montaje: Algunos candelabros están sostenidos únicamente por la placa que se sujeta con pernos a la banda de montaje de la caja de conexión. Estos candelabros carecen del niple roscado.

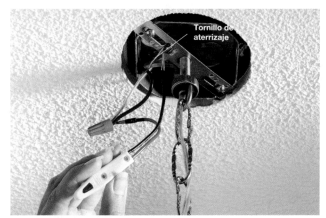

Tornillo de aterrizaje

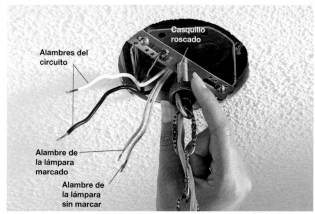

Casquillo roscado

Alambres del circuito

Alambre de la lámpara marcado

Alambre de la lámpara sin marcar

3 Compruebe si hay energía tocando con una punta del probador neón el tornillo verde de tierra y metiendo la otra punta en cada uno de los capuchones de rosca. El probador no deberá encender; si lo hace significa que la energía todavía llega a la caja. Regrese al tablero de servicio para cortar la energía al circuito correcto.

4 Desconecte los alambres de la lámpara quitando los capuchones roscados. El alambre marcado de la lámpara es el neutral, y se conecta al alambre blanco del circuito. El alambre no marcado es el vivo, y se conecta al alambre negro del circuito. Destornille el niple roscado y coloque cuidadosamente el candelabro en una superficie plana.

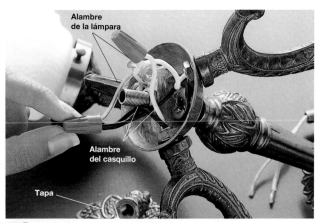

Alambre de la lámpara

Alambre del casquillo

Tapa

5 Desmonte el remate del candelabro exponiendo las conexiones de los alambres que se encuentran en la base hueca. Desconecte los alambres negros de los casquillos separándolos del alambre no marcado, y desconecte los alambres blancos del casquillo del alambre marcado del candelabro.

6 Para probar el casquillo, sujete la pinza del probador de continuidad al alambre negro del casquillo y toque con la punta del probador la lengüeta del casquillo. Repita la prueba con la parte roscada del casquillo y el alambre blanco del casquillo. El probador deberá encender en los dos casos. En caso contrario deberá cambiarse el casquillo.

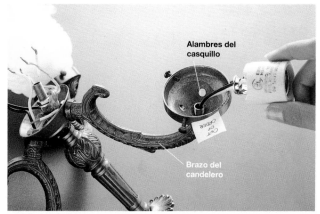

Alambres del casquillo

Brazo del candelero

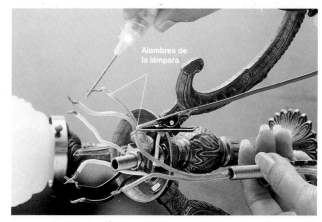

Alambres de la lámpara

7 Desmonte el casquillo que falla, soltando los tornillos de montaje y retirando el casquillo y sus alambres del brazo del candelabro. Compre e instale un casquillo nuevo para candelabro, metiendo por el brazo los alambres del mismo.

8 Pruebe cada uno de los alambres de la lámpara sujetando la pinza del probador de continuidad a un extremo del alambre, y tocando con la punta del probador el otro extremo. Si el probador no enciende, el alambre está fallando y debe ser cambiado, instalando si es necesario alambres nuevos. A continuación vuelva a armar y colgar el candelabro.

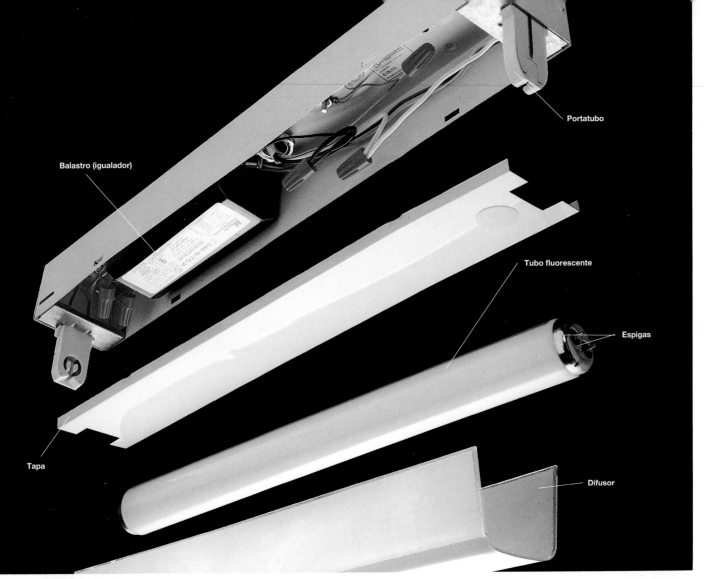

Balastro (igualador)

Portatubo

Tubo fluorescente

Espigas

Tapa

Difusor

Una luz fluorescente funciona enviando una corriente eléctrica a través de un **tubo** lleno con un gas especial que resplandece al recibir la energía. Un **difusor** blanco traslúcido protege el tubo fluorescente y suaviza la luz. Una **cubierta** de cierre protege un transformador denominado **balastro**. Éste regula el flujo de la corriente doméstica de 120 volts a los **casquillos**, los que transfieren la energía a las **puntas metálicas** que entran al tubo.

Reparación y cambio de las luces fluorescentes

Las luces fluorescentes están relativamente libres de problemas, y requieren menos energía que las luces incandescentes. Una luz fluorescente típica dura alrededor de tres años, y produce de dos a cuatro veces más luz por watt que un foco incandescente estándar.

Los problemas más frecuentes con las luces fluorescentes son causados por un tubo gastado. Si una luz fluorescente parpadea o no da toda la luz, deberá desmontarse y examinar el tubo. Si tiene las puntas dobladas o rotas, o una coloración negra cerca de los extremos, deberá ser cambiado. Una coloración gris claro es normal en los tubos que están trabajando. Al cambiar un tubo viejo vea el wattaje que aparece impreso en la superficie del cristal, y compre un tubo nuevo con un wattaje igual al del viejo. Nunca elimine los tubos viejos rompiéndolos. Los tubos contienen una pequeña cantidad de mercurio que puede tener sus riesgos. Compruebe con el departamento local de salud cuál es la forma segura de eliminar los tubos viejos.

Los tubos fluorescentes pueden funcionar mal también si los casquillos están agrietados o desgastados. En cualquier ferretería se pueden adquirir repuestos baratos y se les puede instalar en unos minutos.

Si una lámpara no funciona aún después de cambiarle el tubo y de prestar servicio a los casquillos, es posible que el balastro esté defectuoso. Los balastros defectuosos sueltan una sustancia negra y

Problema	Reparación
El tubo parpadea o se enciende parcialmente.	1. Gire el tubo, para asegurarse de que está bien asentado en los casquillos. 2. Cambie el tubo (página 90) y el arrancador (cuando lo haya) en caso de que el tubo esté descolorido o las puntas dobladas o rotas. 3. Cambie el balastro (página 92) si el repuesto tiene un precio razonable. En caso contrario cambie toda la lámpara (página 93).
El tubo no enciende.	1. Pruebe el interruptor de pared y repárelo o cámbielo si es necesario (páginas 42 a 61). 2. Gire el tubo para asegurarse de que está bien asentado en los casquillos. 3. Cambie el tubo (página 90) y el arrancador (si lo hay) en caso de que el tubo esté descolorido o sus puntas estén dobladas o rotas. 4. Cambie los casquillos si están astillados o si el tubo no asienta correctamente (página 91). 5. Cambie el balastro (página 92) o toda la lámpara (página 93).
Sustancia negra que se advierte alrededor del balastro.	Cambie el balastro (página 92) si su costo es razonable. De otro modo, cambie toda la lámpara (página 93).
La lámpara zumba.	Cambie el balastro (página 92) si el costo es razonable. De otro modo, cambie toda la lámpara (página 93).

aceitosa, y pueden dar lugar a que se escuche un ruido como de zumbido fuerte en la lámpara. Aunque pueden cambiarse los balastros, compruebe los precios antes de comprar uno. Puede resultar más barato comprar una lámpara fluorescente completa que cambiar un balastro en una lámpara vieja.

Todo lo que necesita:

Herramientas: desarmador, llave de matraca, herramienta de combinación, probador neón de circuitos.

Materiales: tubos de repuesto, arrancadores o balastro (si es necesario), repuesto para cambio de la lámpara (si es necesario).

Vea el Libro de notas del inspector:

- Problemas comunes con los cables (págs. 112 a 113).
- Comprobación de las conexiones entre cables (págs. 114 a 115).
- Inspección de la caja de conexiones (págs 116 a 117).

Las luces fluorescentes viejas pueden tener un aparato cilíndrico pequeño llamado arrancador, colocado cerca de un extremo del tubo. Cuando una luz comience a parpadear cambie el tubo y el arrancador. Corte la energía; desmonte el arrancador empujándolo suavemente y haciéndolo girar en sentido contrario al de las manecillas del reloj. Instale un repuesto que sea idéntico al viejo.

Cómo cambiar un tubo fluorescente

1 Corte en el tablero principal de servicio la energía que va a la lámpara. Quite el difusor para dejar descubierto el tubo fluorescente.

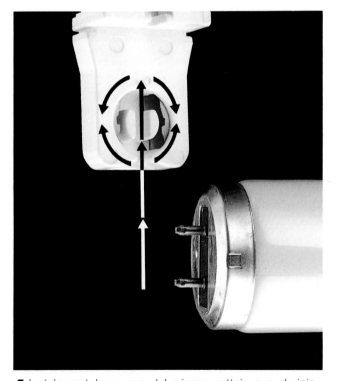

2 Desmonte el tubo fluorescente girándolo 1/4 de vuelta en cualquier dirección y deslizándolo fuera de los casquillos. Los tubos que tengan las patas rotas o dobladas deberán cambiarse.

3 Inspeccione los extremos del tubo para ver si presentan alguna coloración. Un tubo nuevo que trabaje bien (arriba) no presenta coloración. Un tubo normal en uso (en medio) puede tener un color gris. Un tubo gastado (abajo) presenta una coloración negra.

4 Instale un tubo nuevo del mismo wattaje que el viejo. Meta el tubo de manera que sus patas se deslicen hasta el fondo de los casquillos, y a continuación gire el tubo 1/4 de vuelta en cualquier dirección, hasta que se encuentre bien sujeto. Vuelva a colocar el difusor y conecte la energía desde el tablero de servicio.

Cómo cambiar un casquillo

Palanca cubierta

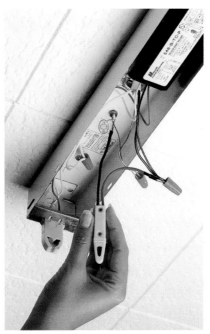

1 Corte la energía en el tablero principal de servicio. Quite el difusor, el tubo fluorescente y la cubierta.

2 Compruebe si hay energía, tocando con una punta del probador neón el tornillo de tierra y metiendo la otra punta del probador en cada capuchón roscado. El probador no debe encender; si lo hace es que todavía llega energía a la lámpara. Regrese al tablero de servicio y corte la energía al circuito correcto.

3 Desmonte el casquillo defectuoso del alojamiento de la lámpara. Algunos casquillos se deslizan para salir, pero otros deben ser destornillados.

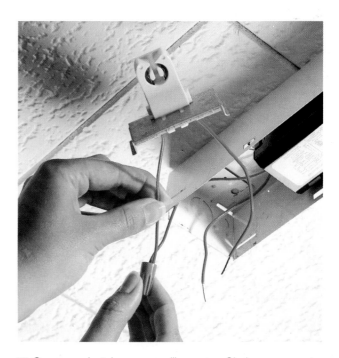

4 Desconecte los alambres que van al casquillo. Si se trata de conexiones a presión (arriba) meta un desarmador pequeño en las aberturas para liberar los alambres. Algunos casquillos tienen tornillos terminales, en tanto que otros cuentan con alambres previamente sujetos, los que habrá que cortar antes de desmontar el casquillo.

5 Compre e instale un casquillo nuevo. Si el nuevo cuenta con alambres ya conectados, únalos a los alambres del balastro por medio de capuchones roscados. Vuelva a colocar la cubierta y el difusor, y a continuación conecte de nuevo la energía en el tablero de servicio.

Cómo cambiar un balastro

1 Corte la energía en el tablero principal de servicio, y a continuación desmonte el difusor, el tubo fluorescente y la cubierta. Compruebe si hay todavía energía, usando un probador neón de circuitos (paso 2, página 91).

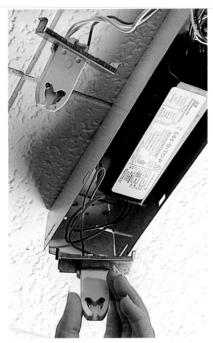

2 Desmonte los casquillos de la lámpara, deslizándolos o quitando los tornillos de montaje, para retirar los casquillos.

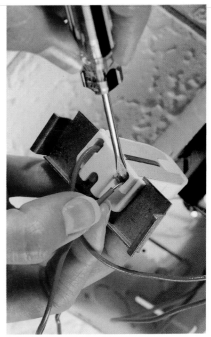

3 Desconecte los alambres que van unidos a los casquillos, empujando con un desarmador pequeño en las aberturas para liberar los alambres (arriba), aflojando los tornillos terminales o cortando los alambres a 5 cm (2'') de los casquillos.

4 Desmonte el balastro viejo con una llave de matraca o un desarmador. Tenga cuidado para que no se caiga el balastro.

5 Instale el balastro nuevo de las mismas características que el viejo.

6 Conecte los alambres del balastro a los alambres del casquillo, usando capuchones roscados. Vuelva a instalar la cubierta, el tubo fluorescente y el difusor. Conecte la energía a la lámpara desde el tablero principal de servicio.

Cómo cambiar una lámpara fluorescente

1 Corte en el tablero principal de servicio la energía que va a la lámpara. Desmonte el difusor, el tubo y la cubierta. Compruebe si hay energía por medio de un probador neón de circuitos (paso 2, página 91).

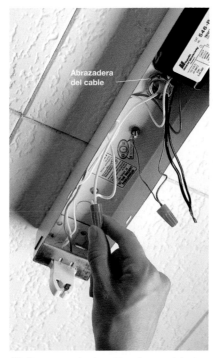

2 Desconecte los alambres aislados del circuito y el alambre desnudo de cobre que van a la lámpara. Afloje las grapas que sostienen los alambres del circuito.

3 Destornille la lámpara de la pared o del techo y sepárela cuidadosamente. Cuide de sostenerla bien para que no se caiga.

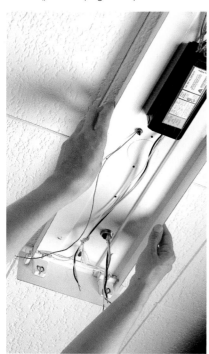

4 Coloque en posición la lámpara nueva, pasando los alambres del circuito por los orificios situados en la parte de atrás de la lámpara. Atornille la lámpara en su sitio, para que quede firmemente anclada a las vigas de la estructura.

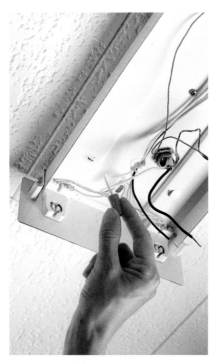

5 Conecte los alambres del circuito a los de la lámpara, usando capuchones roscados. Siga el alambrado que indica el diagrama que acompaña a la nueva lámpara. Apriete la grapa del cable que sostiene los alambres del circuito.

6 Coloque la cubierta y a continuación instale los tubos fluorescentes y ponga el difusor. Active el circuito en el tablero de servicio.

Cambio de clavijas

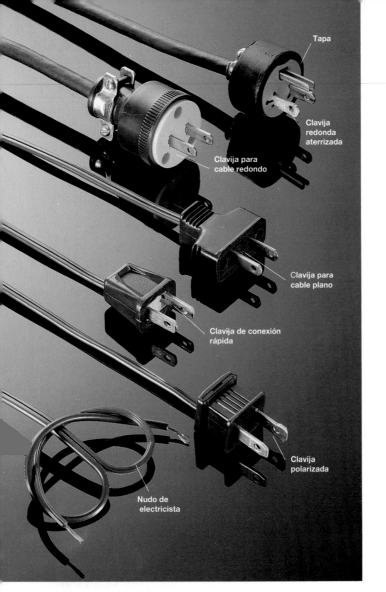

Tapa

Clavija redonda aterrizada

Clavija para cable redondo

Clavija para cable plano

Clavija de conexión rápida

Clavija polarizada

Nudo de electricista

Debe cambiarse una clavija cuando se observa que sus patas están dobladas o sueltas, si la caja está quebrada o si le falta la placa aislante. Una clavija dañada puede ocasionar un choque eléctrico o representar un riesgo de incendio.

Las clavijas de repuesto se encuentran en diferentes estilos para acomodarlas a las extensiones comunes. Debe conseguirse siempre un repuesto semejante al original. Las clavijas para extensiones planas y de conexión rápida se usan con aparatos ligeros, como las lámparas y los radios. Las clavijas para extensiones redondas se usan con aparatos grandes, y entre ellos los que requieren clavijas de tres patas y toma de tierra.

Algunos aparatos usan clavijas polarizadas que cuentan con una pata ancha y otra angosta, las que corresponden a las ranuras neutral y viva de los contactos estándar. La polarización (página 16) asegura que los alambres del cordón coincidan con las ranuras de los contactos.

Si se cuenta con espacio en la clavija puede usarse un nudo de electricista para asegurar la clavija a la extensión.

Todo lo que necesita:

Herramientas: herramienta de combinación, pinzas de puntas agudas y desarmador.
Materiales: clavija de repuesto.

Cómo instalar una clavija de conexión rápida

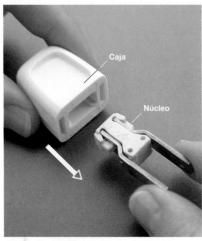

Caja

Núcleo

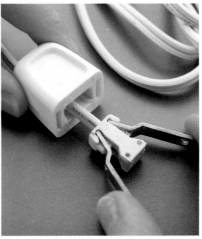

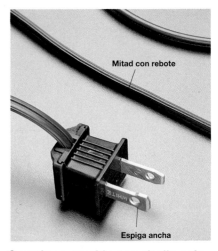

Mitad con rebote

Espiga ancha

1 Se oprimen ligeramente las patas de la clavija de conexión rápida y se saca el núcleo de la clavija. Corte la clavija vieja de la extensión plana usando una herramienta de combinación y deje limpio un extremo.

2 Se mete el alambre sin desnudar por la parte de atrás de la clavija. Se separan las patas y se mete el alambre por la abertura de la parte de atrás del núcleo. Se oprimen las patas, juntándolas. Las puntas situadas en el núcleo penetran en la extensión. A continuación se mete éste en la caja de la clavija hasta que queda sujeto.

Cuando se cambia una clavija polarizada asegúrese de que la mitad de la extensión que presenta un reborde coincide con la pata ancha (neutral) de la clavija.

Cómo cambiar una clavija para extensión redonda

1 Corte la extensión cerca de la clavija vieja usando una herramienta de combinación. Desmonte la tapa aislante del frente de la clavija nueva y meta la extensión por la parte de atrás de la clavija. Desnude unos 8 cm (3'') del aislamiento exterior de la extensión redonda. Desnude los alambres individuales descubriendo 2 cm de los mismos.

Nudo de electricista

2 Haga un nudo de electricista con los alambres negro y blanco. Cuide que el nudo quede cerca del borde del aislamiento exterior. Tire de la extensión de manera que el nudo se meta en el cuerpo de la clavija.

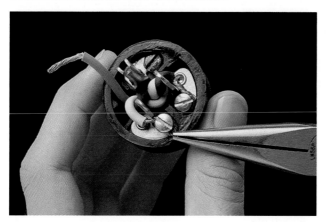

3 Retuerza el extremo del alambre negro en el sentido de las manecillas del reloj alrededor del tornillo de latón, y el alambre blanco alrededor del tornillo plateado. Si se trata de una clavija de tres patas se coloca el tercer alambre en el tornillo de tierra. Lo que exceda del alambre de tierra se corta.

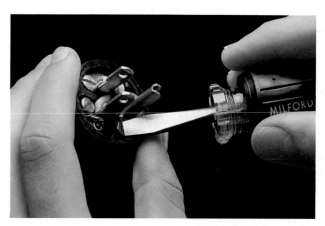

4 Se aprietan bien los tornillos, asegurándose de que los alambres de cobre no se toquen. Se coloca la tapa aislante.

Cómo cambiar la clavija en una extensión plana

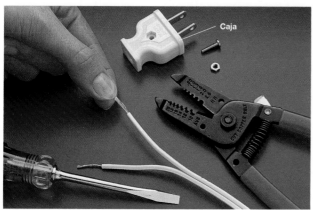

Caja

1 Se corta la extensión usando una herramienta de combinación. Se separan las dos mitades de la extensión plana hasta que queden separadas 5 cm (2''). Se desnudan 2 cm (3/4'') de cada mitad. Se quita la caja de la clavija nueva.

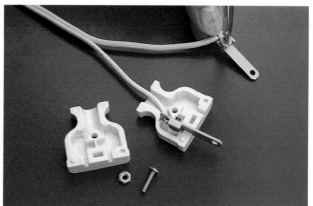

2 Se enganchan los dos alambres alrededor de los tornillos terminales y se aprietan bien los tornillos. Se unen las mitades de la clavija. Algunas de éstas cuentan con una tapa aislante que debe quedar instalada.

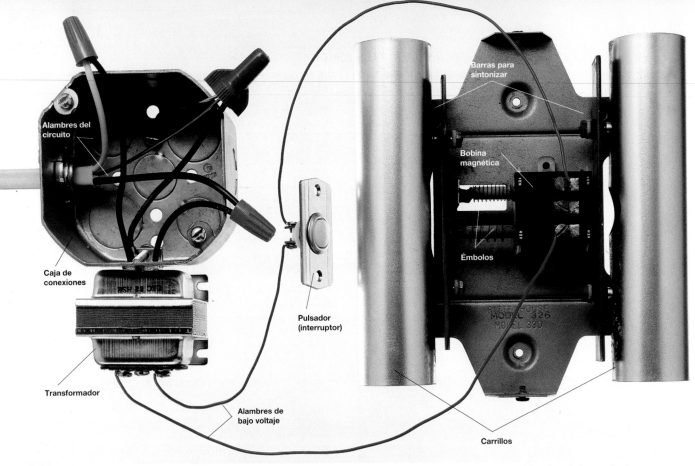

Alambres del circuito

Caja de conexiones

Transformador

Pulsador (interruptor)

Alambres de bajo voltaje

Barras para sintonizar

Bobina magnética

Émbolos

Carrillos

El sistema de timbres de llamada es accionado por medio de un transformador que reduce los 120 volts de la corriente a una de bajo voltaje, de 20 volts o menos. La corriente fluye del transformador a uno o más interruptores de los timbres. Al oprimirlos se activa el núcleo magnético situado en el interior de la unidad sonora, haciendo que el émbolo produzca una nota musical.

Instalación y cambio de timbres

La mayoría de los problemas con los timbres de llamada están relacionados con conexiones flojas entre alambres o interruptores (botones) desgastados. El reconectar unos alambres o cambiar el interruptor requiere de sólo unos cuantos minutos. También pueden presentarse problemas porque la unidad sonora está sucia o gastada, o porque el transformador de bajo voltaje se ha quemado. Ambas partes son de fácil cambio. Debido a que los timbres operan a bajo voltaje, es posible reparar los interruptores y la unidad sonora sin cortar la energía en el tablero. Sin embargo, al cambiar un transformador debe siempre cortar la energía en el tablero principal de servicio.

La mayoría de las casas tienen transformadores de bajo voltaje además del transformador del timbre. Estos transformadores controlan la calefacción, el acondicionador de aire por medio de sus termostatos (páginas 102 a 109) o cualquier otro sistema de bajo voltaje. Al reparar un timbre de llamada es importante identificar el transformador correcto. El transformador del timbre tiene un voltaje de 20 volts o menos. Este voltaje aparece impreso en el frente del transformador. El transformador del timbre está colocado frecuentemente cerca del tablero principal

de servicio, y en algunas casas va unido directamente al tablero de servicio.

El transformador que controla los termostatos de la calefacción o el acondicionador de aire está situado cerca del horno, y su voltaje es de 24 volts o más.

En ocasiones, el problema del timbre es provocado por un alambre roto de bajo voltaje en algún punto del sistema. Puede buscarse la rotura con un multiprobador accionado por baterías. Si la prueba indica una rotura, deberán instalarse alambres nuevos entre el transformador y los interruptores o entre los interruptores y la unidad sonora. Cambiar los alambres de bajo voltaje no es un trabajo difícil, pero requiere tiempo. Tal vez convenga que esta tarea la haga un electricista.

Todo lo que necesita:

Herramientas: probador de continuidad, desarmador, multiprobador, pinzas de puntas agudas.

Materiales: algodón para limpiar, alcohol, interruptor de repuesto (si es necesario), cinta adhesiva, unidad sonora (si es necesaria).

Cómo probar un sistema de timbre de llamada

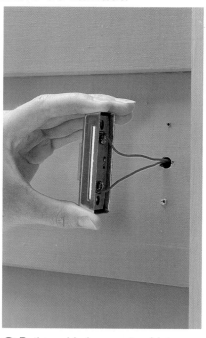

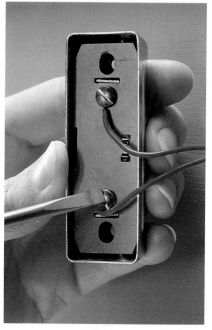

1 Quite los tornillos que sujetan el interruptor del timbre a la casa.

2 Retire cuidadosamente el interruptor de la pared.

3 Revise las conexiones de los alambres del interruptor. Si los alambres están sueltos, reconéctelos a los tornillos terminales. Pruebe el timbre oprimiendo el botón. Si el timbre sigue sin funcionar desconecte el interruptor y pruebe con un probador de continuidad.

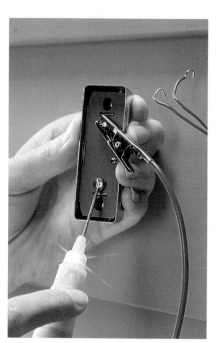

Transformador

4 Pruebe el interruptor sujetando la pinza del probador de continuidad a un tornillo terminal y tocando con la punta del probador el otro tornillo. Oprima el botón. El medidor debe encender. En caso contrario el interruptor está defectuoso y debe ser cambiado (página 100).

5 Conecte temporalmente los alambres del timbre para probar otras partes del sistema.

6 Localice el transformador del timbre, el que frecuentemente está colocado cerca del tablero de servicio. El transformador puede estar sujeto a una caja de conexiones, o unido directamente a un lado del tablero de servicio.

(Continúa en la página siguiente)

7 Identifique el transformador leyendo el voltaje del mismo. Los transformadores de timbre tienen un voltaje de 20 volts o menos.

8 Corte la energía al transformador en el tablero de servicio. Quite la tapa de la caja de conexiones y compruebe si hay energía en los alambres (paso 3, página 107). Reconecte los alambres que estén sueltos. Remplace las conexiones aisladas con cinta por conexiones con capuchones roscados. Vuelva a colocar la tapa.

9 Inspeccione los alambres de bajo voltaje y sus conexiones, volviendo a conectar cualquier alambre que esté suelto usando las pinzas de puntas agudas. Vuelva a conectar la energía al transformador en el tablero de servicio.

10 Coloque el selector del multiprobador a la escala de 50 volts (AC).

11 Toque con las puntas del multiprobador los tornillos terminales de bajo voltaje del transformador.

12 Si el transformador está funcionando bien, el multiprobador señalará un voltaje de ± 2 volts de lo que indique el transformador. Si no lo hace, el transformador está defectuoso y tiene que cambiarse (página 107).

13 Quite la tapa de la unidad sonora del timbre.

14 Inspeccione los alambres y conexiones de bajo voltaje y cualquier alambre que esté suelto.

15 Asegúrese de que la unidad sonora está recibiendo la corriente adecuada con el multiprobador en la escala de 50 volts (AC). Toque con las puntas los tornillos terminales marcados TRANSFORMER (o TRANS) y FRONT.

16 Si el multiprobador señala energía de ± 2 volts de los correspondientes al transformador, la unidad sonora está recibiendo la corriente correcta. Si el multiprobador no señala energía, o ésta es muy baja, habrá una rotura en el alambrado de bajo voltaje y habrá que instalar alambres nuevos.

17 Si es necesario repita las pruebas con los alambres de atrás del timbre. Sujete las puntas a los terminales marcados TRANSFORMER (o TRANS) y REAR (ATRÁS). El multiprobador debe registrar energía de ± 2 volts del voltaje del transformador. En caso contrario hay una interrupción en el alambrado y deberán instalarse alambres nuevos.

18 Limpie los émbolos de las campanas usando un algodón empapado en alcohol. Vuelva a colocar los interruptores de los timbres y pruebe el sistema oprimiendo uno de ellos. Si no trabaja, la unidad sonora está mal y deberá ser cambiada (página 100).

Cómo cambiar el interruptor del timbre

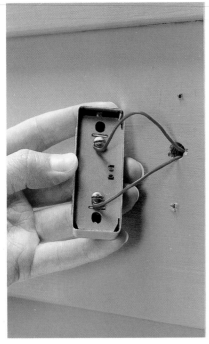

1 Quite los tornillos que sujetan el interruptor a la pared, y retire éste cuidadosamente.

2 Desconecte los alambres del interruptor. Sujete los alambres en la pared usando cinta adhesiva, para evitar que se deslicen por el hueco de la pared. Compre un interruptor nuevo y conéctele los alambres. (Los alambres son intercambiables, y pueden ir conectados a cualquiera de los tornillos.)

3 Sujete el interruptor a la pared usando los tornillos de montaje.

Cómo cambiar la unidad sonora del timbre

1 Corte la energía en el tablero principal de servicio. Desmonte la tapa de la unidad vieja.

2 Usando cinta adhesiva etiquete los alambres de bajo voltaje FRENTE, ATRÁS o TRANS para identificar sus tornillos terminales. Desconecte los alambres de bajo voltaje.

3 Saque los tornillos de montaje y retire la unidad sonora vieja.

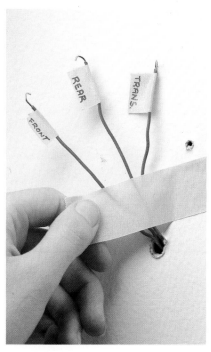

4 Sujete los tornillos a la pared con cinta adhesiva, para evitar que se deslicen por el hueco de la pared.

5 Compre una unidad sonora que coincida con el voltaje de la unidad vieja. Haga pasar los alambres de bajo voltaje por la base de la unidad nueva.

6 Sujete la unidad a la pared usando los tornillos incluidos en el juego.

7 Conecte los alambres de bajo voltaje a los tornillos terminales de la unidad nueva.

8 Ponga la tapa y vuelva a dar energía al timbre en el tablero principal de servicio.

Los termostatos electrónicos programables pueden ser ajustados hasta cuatro variaciones de temperatura en el día. Pueden obtenerse con bajo voltaje (derecha) para los sistemas de enfriamiento/calor o con voltajes de línea (izquierda) para calentamiento eléctrico de los frisos. La mayoría de los termostatos programables cuentan con una batería interior que salva el programa en los casos de falla en la energía de la red.

Instalación y cambio de termostatos

Un termostato es un interruptor sensible a la temperatura, que controla automáticamente los sistemas de calefacción y de acondicionamiento del aire de la casa. Son dos los tipos de termostatos usados para controlar dichos sistemas. Los **termostatos de bajo voltaje** controlan la calefacción y el acondicionamiento del aire de toda la casa desde un solo punto. Los **termostatos con voltaje en línea** se utilizan en los sistemas de calefacción de zona, en los que cada habitación tiene su propio termostato y su unidad de calefacción.

Un termostato de bajo voltaje es accionado por un transformador que reduce los 120 volts de la corriente a 24 volts aproximadamente. Un termostato de bajo voltaje es muy duradero, pero pueden producirse fallas si las conexiones de los alambres se ensucian o sueltan, o si las partes del termostato se corroen o el transformador se avería. Algunos sistemas con termostatos cuentan con dos transformadores. Uno de ellos controla la unidad de calefacción y el otro controla la unidad de acondicionamiento del aire.

Los termostatos de voltaje en línea reciben la energía por el mismo circuito que la unidad calefactora, habitualmente un circuito de 240 volts. Asegúrese de que corta la energía antes de prestar servicio a un termostato de voltaje en línea.

Un termostato puede ser cambiado en una hora aproximadamente. Muchos propietarios de casas prefieren remplazar sus termostatos estándar de bajo voltaje o de voltaje en línea, con termostatos de parada programable. Estos termostatos programables pueden recortar el gasto de energía hasta en un 35%.

Al comprar un termostato nuevo asegúrese de que la nueva unidad es compatible con el sistema de calefacción/acondicionamiento de aire. Como referencia lleve la marca y el modelo del termostato viejo y el de las unidades de calefacción/acondicionamiento de aire. Al comprar un transformador nuevo de bajo voltaje elija un repuesto con el voltaje y el amperaje que coincidan con los del transformador viejo.

> **Todo lo que necesita:**
>
> Herramientas: brocha para pintar con cerdas suaves, multiprobador, desarmador, herramienta de combinación, probador neón de circuitos y probador de continuidad.
>
> Materiales: cinta adhesiva, tramo corto de alambre.

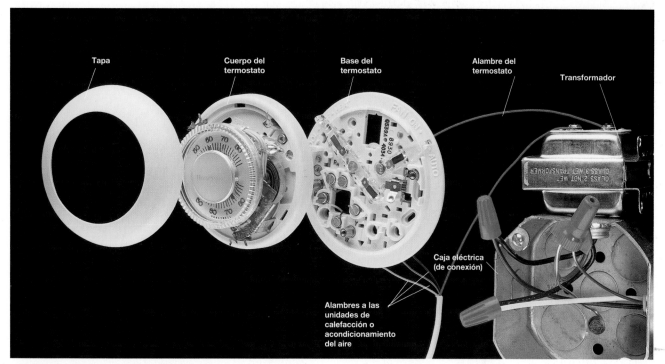

El sistema de termostato de bajo voltaje cuenta con un **transformador** que o bien está conectado a una caja de conexiones o va montado dentro de un tablero de acceso al horno. Unos alambres muy delgados (calibre 18 a 22) envían la corriente al **termostato**. El termostato monitorea continuamente las temperaturas de las habitaciones y envía señales eléctricas a las unidades de calefacción/enfriamiento por conducto de otros alambres. El número de alambres conectados al termostato varía desde dos hasta seis según sea el tipo de sistema de calefacción/acondicionamiento del aire. En el sistema común de cuatro alambres, que aparece arriba, la energía es suministrada al termostato por un solo alambre unido al tornillo terminal marcado R. Los alambres unidos a los otros tornillos terminales envían señales a la unidad de calefacción, a la unidad de acondicionamiento del aire y a un ventilador. Antes de desmontar un termostato tenga cuidado de etiquetar cada alambre para identificar sus tornillos terminales.

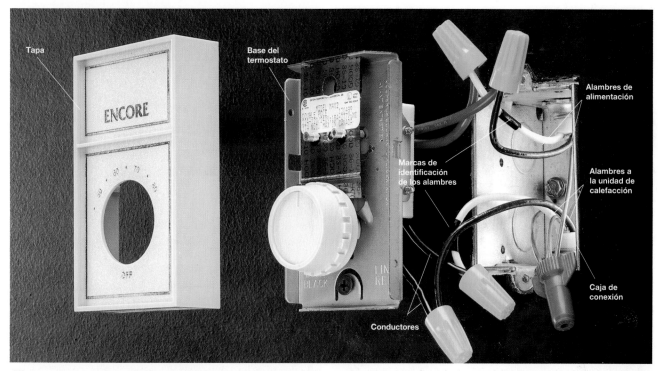

El termostato de voltaje en línea para la unidad de calentamiento de frisos de 240 volts tiene normalmente 4 conectores, aunque algunos modelos cuentan con sólo dos conectores. En un termostato de cuatro alambres (marcados algunas veces como LÍNEA o L) están conectados a los dos alambres de alimentación que llevan energía a la caja desde el tablero de servicio. Los conectores negros (marcados algunas veces CARGA) están conectados a los alambres de circuito que llevan energía a la unidad de calefacción.

Cómo inspeccionar y probar un sistema de termostato de bajo voltaje

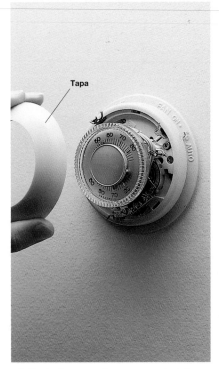

Tapa

1 Corte la energía que va al sistema de calefacción/acondicionamiento de aire en el tablero principal de servicio. Quite la tapa del termostato.

2 Limpie el polvo de las distintas partes del termostato usando una brocha de pintura de cerdas suaves.

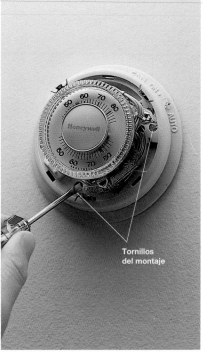

Tornillos del montaje

3 Desmonte el cuerpo del termostato aflojando los tornillos de montaje con un desarmador.

Base del termostato

4 Examine las conexiones que están en la base del termostato. Conecte cualquier alambre que esté suelto o flojo. Si los alambres están rotos o corroídos deberán ser cortados, desnudados y sujetos de nuevo a los tornillos terminales (página 24).

5 Localice el transformador de bajo voltaje que envía energía al termostato. Habitualmente está situado cerca del sistema de calefacción/acondicionamiento de aire, o dentro de un tablero de acceso al horno. Apriete sus conexiones o cualquier alambre flojo o suelto.

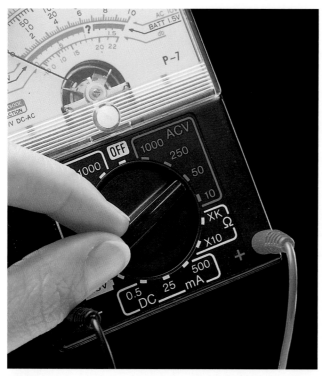

6 Coloque el control del multiprobador en la escala de 50 volts (AC). Conecte la energía al sistema de calefacción/acondicionamiento de aire en el tablero principal de servicio.

7 Toque con las puntas del multiprobador los dos tornillos terminales de bajo voltaje. Si el medidor no detecta voltaje, el transformador está defectuoso y deberá ser cambiado (página 107).

8 Conecte la energía al sistema calefactor. Coloque las palancas del termostato en AUTO Y CALOR (AUTO y HEAT).

9 Desnude las dos puntas de un trozo de alambre aislado. Toque con una de las puntas el terminal marcado W y con la otra el marcado R. Si el sistema se pone en marcha el termostato está mal y deberá ser cambiado (página 106).

Cómo instalar un termostato de bajo voltaje programable

Tapa

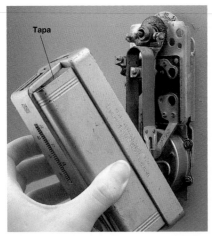

Cuerpo del termostato

B

1 Corte la energía al sistema de calefacción/acondicionamiento de aire en el tablero principal de servicio. Quite la tapa del termostato.

2 Quite los tornillos de montaje del termostato y separe el cuerpo del mismo.

3 Etiquete los alambres de bajo voltaje para identificar sus tornillos terminales, usando para ello cinta adhesiva. Desconecte los alambres de bajo voltaje.

R

B

W

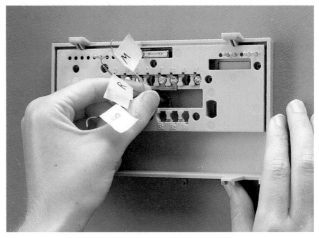

M

R

B

4 Quite la base del termostato soltando sus tornillos de montaje. Sujete los alambres contra la pared con cinta adhesiva para evitar que se deslicen por el hueco de la pared.

5 Pase los alambres de bajo voltaje por la base del termostato nuevo. Monte la base en la pared usando los tornillos que vienen con el termostato.

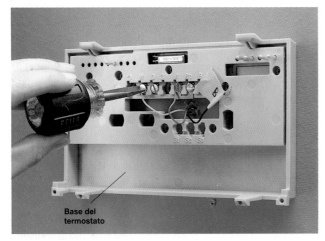

Base del termostato

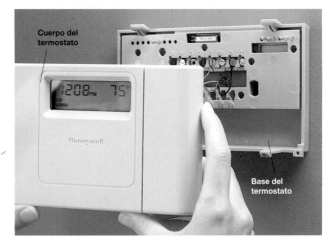

Cuerpo del termostato

12:08 PM 75°

Honeywell

Base del termostato

6 Conecte los alambres de bajo voltaje a los tornillos terminales situados en la base del termostato. Use como guía la tabla de conexiones del fabricante.

7 Instale baterías en el cuerpo del termostato y a continuación una el cuerpo del termostato a su base. Conecte la energía y programe el termostato en la forma que desee.

Cómo cambiar un transformador de bajo voltaje

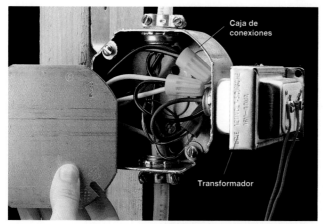

1 Corte la energía al sistema de calefacción/acondicionamiento de aire en el tablero principal de servicio. Quite la tapa de la caja de registro del transformador.

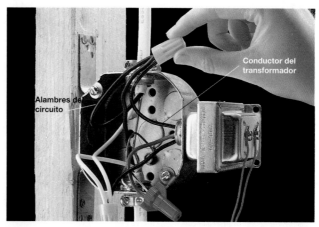

2 Desmonte cuidadosamente el capuchón roscado que conecta el alambre negro del circuito al conductor del transformador. Debe ponerse cuidado para no tocar ningún alambre desnudo.

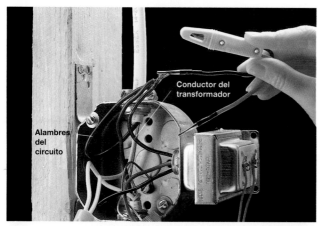

3 Compruebe si hay energía, tocando con una punta del probador neón la caja metálica puesta a tierra y con la otra punta los alambres expuestos. Quite el capuchón roscado de los alambres blancos y repita la prueba. El probador no debe encender en ninguna prueba. Si lo hace es que todavía está entrando energía a la caja. Regrese al tablero principal de servicio y corte la energía al circuito correcto.

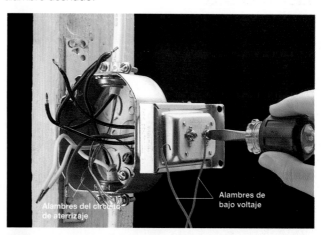

4 Desconecte los alambres de tierra dentro de la caja y a continuación desconecte los alambres de bajo voltaje que van a los tornillos terminales del transformador. Destornille la grapa de montaje del transformador dentro de la caja, y quite el transformador. Compre un transformador nuevo del mismo voltaje que el transformador viejo.

5 Coloque el transformador nuevo en la caja de registro. Conecte los alambres del circuito a los conductores del transformador. Conecte los alambres de tierra del circuito al conductor de tierra del transformador.

6 Conecte los alambres de bajo voltaje al transformador y vuelva a colocar la tapa de la caja de registro. Conecte la energía en el tablero principal de servicio.

Cómo probar y cambiar un termostato con voltaje en línea

1 Corte la energía a la unidad calefactora en el tablero principal de servicio. Quite la tapa del termostato.

2 Afloje los tornillos de montaje del termostato y saque con cuidado el aparato de la caja de registro.

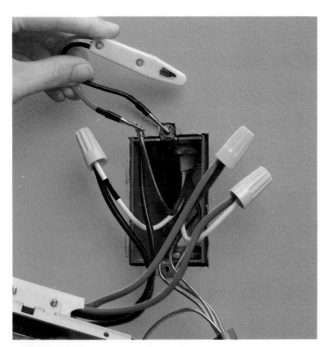

3 Destornille un capuchón roscado. Compruebe si hay energía, tocando con una punta del probador neón de circuitos la caja metálica aterrizada, y con la otra los alambres expuestos. El probador no debe encender. Repita la prueba con otras conexiones entre alambres. El probador no debe encender. Si lo hace, todavía hay energía en la caja. Vuelva al tablero de servicio y quite energía al circuito correcto.

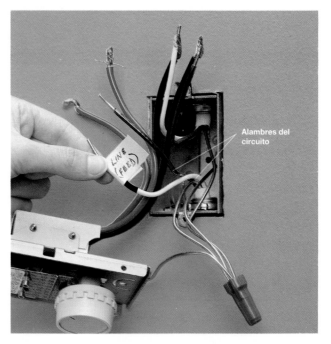

4 Identifique los dos alambres que van unidos a los conectores del termostato marcados LÍNEA (LINE). Estos conductores son frecuentemente rojos. Los alambres del circuito que van unidos a ellos llevan la energía a la caja, y se conocen como alambres de alimentación. Etiquete los alambres de alimentación con cinta adhesiva y a continuación desconecte todos los alambres.

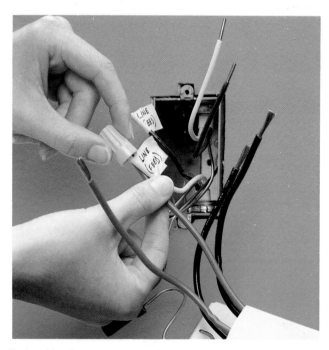

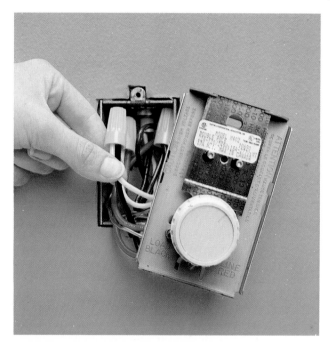

5 Pruebe el termostato sujetando la pinza del probador de continuidad a una de las conexiones rojas de alambre, y a continuación toque con la punta del probador el conductor de alambre negro del mismo lado del termostato. Mueva el control de temperatura de ALTO (HIGH) a BAJO (LOW). El medidor debe encender en ambas posiciones. Repita la prueba con otro par de conductores. Si el probador no enciende en ambos casos, el termostato está mal y deberá ser cambiado.

6 Cambie el termostato que falla por otro nuevo que tenga el mismo voltaje y amperaje que el viejo. Conecte el termostato nuevo uniendo los alambres de alimentación del circuito a los conductores de alambre marcados LÍNEA (LINE) usando para ello capuchones roscados.

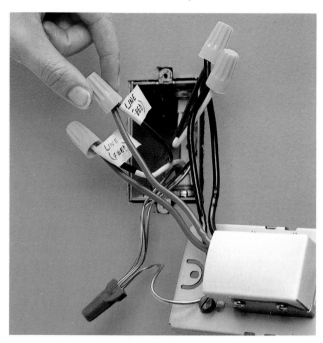

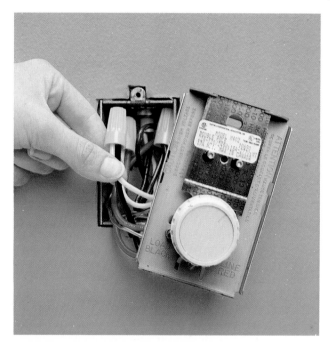

7 Conecte los restantes alambres del circuito a los conductores del termostato marcados CARGA (LOAD) usando capuchones roscados. Conecte juntos los alambres de tierra por medio de un capuchón roscado.

8 Meta cuidadosamente los alambres en la caja de conexiones, y a continuación coloque los tornillos de montaje y la tapa. Conecte la energía en el tablero principal de servicio. Si el termostato nuevo es programable (página 102), prográmelo en la forma que desee.

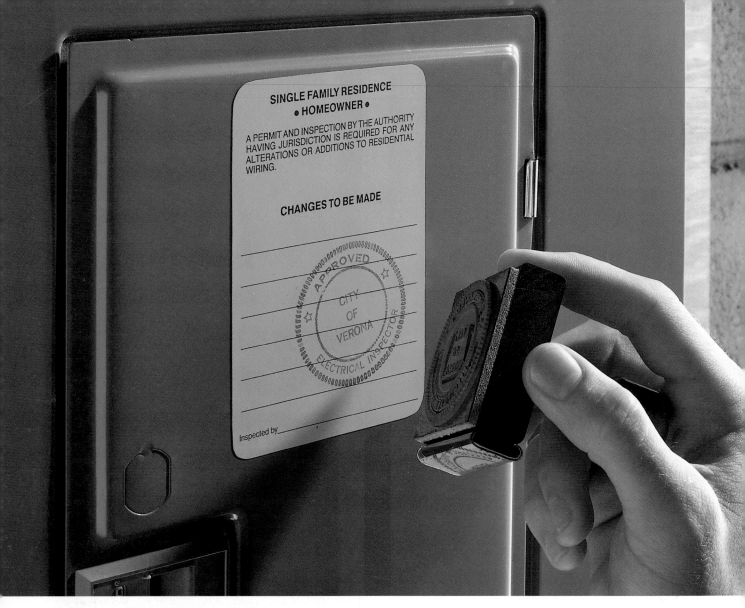

Libro de notas del inspector

Un inspector electricista que visite su casa puede encontrar un cierto número de situaciones que no estén "de acuerdo con el código". De hecho, estas situaciones pueden no crear problemas inmediatos; es posible que el alambrado de su casa haya funcionado sin molestias durante varios años.

Sin embargo, cualquier instalación o aparato que no cumplan lo que determina el código, suponen un peligro potencial, con riesgo para su hogar o su familia. Por otra parte puede encontrar dificultades al tratar de vender su casa si ésta no está alambrada según los métodos aceptados.

La mayor parte de los códigos eléctricos de los Estados Unidos están basados en el Código Eléctrico Nacional, un libro que se imprime, una vez puesto al día, cada tres años por la Agencia de protección contra incendios. El libro contiene normas y reglamentaciones acerca del alambrado correcto y los

aparatos eléctricos de uso. Puede encontrarse en muchas bibliotecas.

Se requiere que los inspectores electricistas estén bien familiarizados con el código. Su función consiste en asegurarse que estas normas son cumplidas, con el objeto de evitar incendios y conseguir seguridad. Si tiene preguntas que hacer acerca del sistema eléctrico de su casa encontrará al inspector dispuesto a ayudarle.

Aunque un libro como la presente obra no puede identificar todos los problemas potenciales acerca del alambrado de su casa, hemos creado el "Libro de notas del inspector" para ayudarlo a identificar algunos de los problemas más comunes y para indicarle la forma de corregirlos. Al trabajar en su instalación acuda a esta sección, la que le ayudará a identificar las situaciones que supongan un peligro.

Inspección de los tableros de servicio

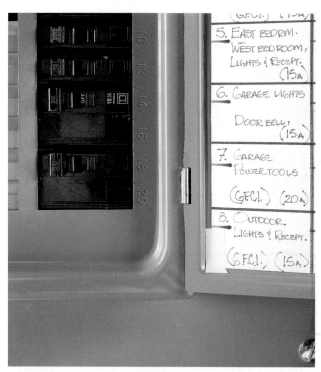

Problemas: se encuentran manchas de óxido en el tablero principal de servicio. Este problema se produce porque entra agua por el conducto de admisión de los cables y gotea hacia el tablero de servicio.

Solución: haga que un electricista revise la entrada del servicio eléctrico y el tablero principal de servicio. Si los alambres han sido dañados, deberá instalarse un nuevo servicio eléctrico.

Inspección del alambre puente de aterrizaje

Problema: el alambre puente de tierra está desconectado o ha desaparecido. En la mayoría de las casas, el alambre puente va unido a la tubería a ambos lados del medidor de agua. Debido a que se rompe la continuidad de la toma de tierra, esta situación es peligrosa y debe ser remediada.

Solución: sujete un alambre puente a ambos lados del medidor en la tubería de agua, usando grapas para tubo. Use alambre de cobre desnudo del #6 ó del #4 para el alambre puente.

Problemas comunes con los cables

Problema: los cables que corren por las vigas o travesaños van sujetos a los bordes de las vigas del armazón. Los Códigos eléctricos prohíben este tipo de instalación en las áreas expuestas, tales como los sótanos no acabados o los áticos sin ascensor.

Solución: proteja el cable haciendo agujeros en las vigas de la armadura por lo menos a 5 cm (2") de los bordes expuestos, y pase el cable por estos agujeros.

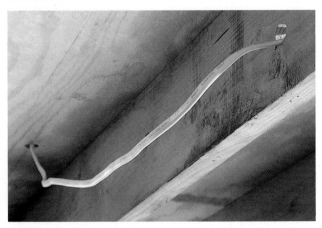

Problema: el cable que pasa cerca de los travesaños o vigas está colgando. Los cables que se encuentran en esta situación pueden ser arrancados, ocasionándose daños a los mismos.

Solución: sujete el cable al costado de las armaduras de madera a 3 cm (1 1/4") del borde, usando grapas aisladas. El cable NM (no metálico) debe sujetarse cada 1.4 m (4 1/2') y a cada 30 cm (12") de cada caja de registro.

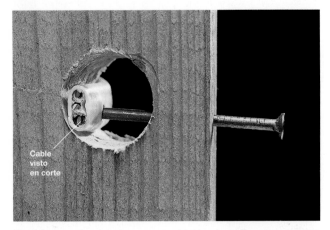

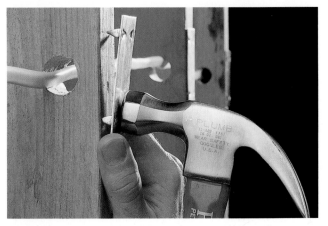

Problema: el cable que pasa a través de vigas o travesaños queda cerca del borde de dichas estructuras. El cable NM (no metálico, visto en corte) puede resultar fácilmente dañado al colocar clavos o tornillos durante los trabajos de remodelación.

Solución: instale protecciones metálicas para proteger los cables contra daños. Estas protecciones se encuentran en las ferreterías y supermercados.

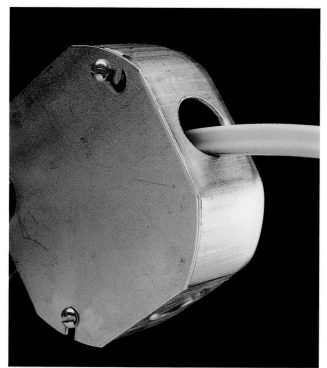

Problema: el cable no sujeto con grapas entra en una caja metálica de registro. Los bordes del orificio pueden rozar contra el cable dañando su aislamiento y los alambres. (Nota: en el caso de las cajas de conexión de plástico no se requieren las grapas si los cables se sujetan a la estructura a 30 cm [12"] de la caja.)

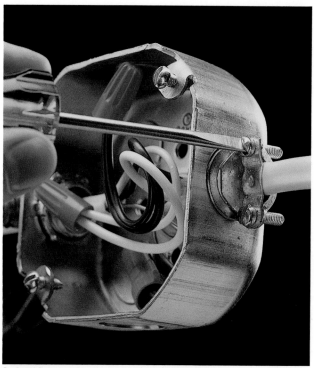

Solución: sujete el cable a la caja de registro por medio de una grapa para cable (páginas 38 a 39). En las ferreterías y almacenes se encuentran varios tipos de grapas para cables.

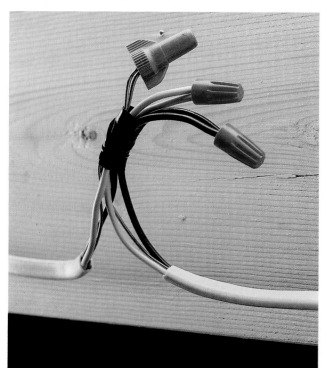

Problema: los cables están empalmados fuera de una caja de registro. Las conexiones entre los cables pueden lanzar chispas y crear un riesgo de incendio.

Solución: ponga la instalación de acuerdo con el código, metiendo los empalmes dentro de una caja metálica o de plástico (páginas 36 a 39). Asegúrese de que la caja sea bastante grande para los alambres que ha de contener.

Comprobación de las conexiones

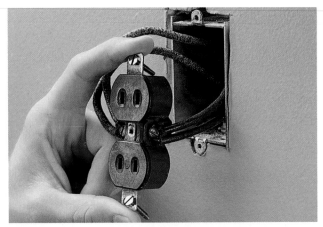

Problema: a un solo tornillo terminal van sujetos dos o más alambres. Este tipo de conexión se ve con frecuencia en los alambrados viejos, pero ahora está prohibido por el código eléctrico.

Solución: desconecte los alambres del tornillo terminal y únalos a un trozo de alambre (llamado coleta) por medio de un capuchón roscado (página 25). Conecte el otro extremo de la coleta al tornillo terminal.

Problema: el alambre desnudo llega más allá del tornillo terminal. Un alambre expuesto puede ocasionar un corto circuito si toca la caja metálica u otro alambre del circuito.

Solución: corte el alambre y reconéctelo al tornillo terminal. En una instalación bien hecha, el alambre desnudo va alrededor del tornillo terminal, y su aislamiento toca el mismo (página 24).

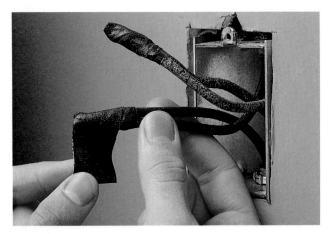

Problema: los alambres están conectados con cinta aislante. Ésta se usaba frecuentemente en las instalaciones viejas, pero puede deteriorarse con el tiempo, dejando expuestos los cables en la caja de registro.

Solución: sustituya la cinta aislante con capuchones roscados (página 25). Puede ser necesario recortar un poco del alambre desnudo de modo que quede totalmente cubierto por el capuchón.

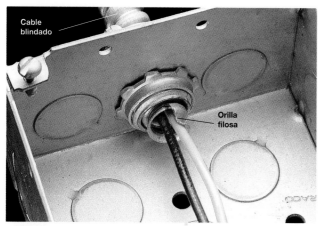

Cable
blindado

Orilla
filosa

Problema: no se cuenta con manguito protector en el cable
blindado. Los bordes agudos del cable pueden dañar el aislamiento del cable, creando un riesgo de incendio y de
choque eléctrico.

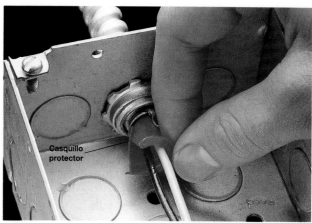

Casquillo
protector

Solución: proteja el aislamiento del alambre colocando unos
manguitos de plástico o fibra alrededor de los alambres. Se
pueden conseguir en los almacenes o ferreterías. Los alambres que estén dañados deberán ser cambiados.

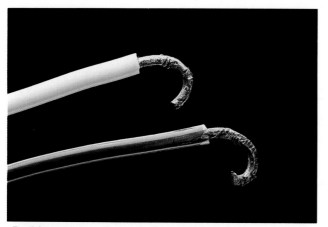

Problema: las mellas o arañazos en los alambres desnudos
dificultan el paso de la electricidad. Los alambres pueden
sobrecalentarse.

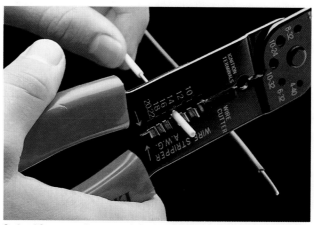

Solución: corte la parte dañada del alambre y a continuación
quite el aislamiento a unos 2 cm (3/4") y reconecte el alambre
al tornillo terminal.

Problema: el aislamiento de los alambres está agrietado o
dañado. Si queda expuesto el alambre desnudo puede producirse un corto circuito, con peligro de choque eléctrico o
riesgo de incendio.

Solución: envuelva temporalmente el aislamiento dañado
con cinta aislante plástica. Los circuitos dañados deben ser
cambiados por un electricista.

Inspección de la caja de registro

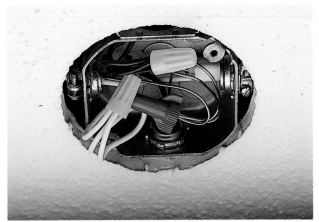

Problema: las cajas de registro abiertas crean un riesgo de incendio si un corto circuito provoca chispas dentro de la caja.

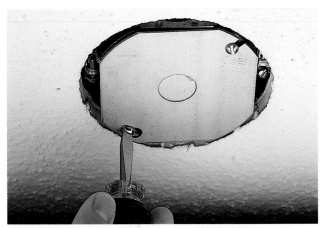

Solución: cubra la caja con una tapa metálica sólida, disponible en cualquier almacén. Las cajas eléctricas de registro deben quedar accesibles y no pueden sellarse tras techos o paredes.

Problema: los alambres cortos son difíciles de manejar. El Código requiere que cada alambre dentro de una caja de registro tenga por lo menos 15 cm (6") de alambre con el cual se deba trabajar.

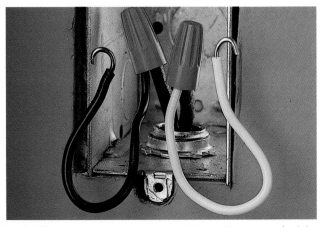

Solución: alargue los alambres del circuito conectándoles coletas por medio de capuchones roscados (página 25). Las coletas pueden cortarse del alambre de desecho, pero deben tener el mismo calibre y color que los alambres de circuito.

Problema: las cajas metálicas ocultas son un riesgo, especialmente si la superficie del techo o de la pared es de un material inflamable como la madera. El Código prohíbe este tipo de instalación.

Solución: agregue un anillo de extensión para que la cara de la caja quede al ras de la superficie. Estos anillos se pueden conseguir en varios tamaños y se compran en las ferreterías.

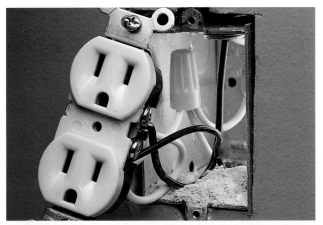

Problema: la tierra y el polvo en la caja de registro pueden ocasionar corto circuito de alta resistencia (páginas 122 a 125). Al hacer reparaciones de rutina compruebe siempre si las cajas eléctricas tienen una formación de polvo o tierra.

Solución: limpie la caja con la aspiradora, usando una boquilla estrecha. Asegúrese antes de hacerlo de que la energía ha sido cortada en el tablero principal de servicio.

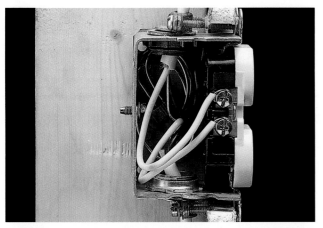

Problema: las cajas de registro demasiado llenas dificultan los trabajos de reparación. Este tipo de instalación está prohibido por el Código porque los alambres pueden ser dañados fácilmente al instalar un contacto o un interruptor.

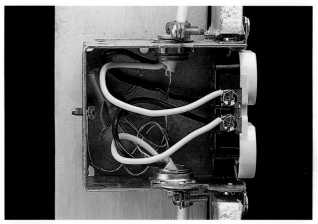

Solución: cambie la caja de conexiones por otra más profunda (páginas 36 a 39).

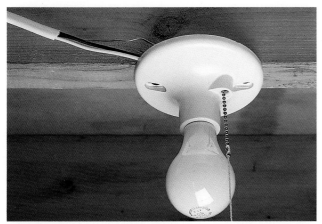

Problema: la lámpara está instalada sin caja de registro. Esta instalación expone las conexiones del cableado y no da seguridad a la lámpara.

Solución: instale una caja de conexiones aprobada (páginas 36 a 39) para encerrar las conexiones y soportar la lámpara.

Problemas comunes con las extensiones

Problema: las extensiones de lámparas o aparatos corren por debajo de un tapete. El tránsito puede desgastar el aislamiento, creando un corto circuito, con riesgo de incendio o choque eléctrico.

Solución: coloque la lámpara de manera que la extensión quede visible. Cambie las extensiones desgastadas.

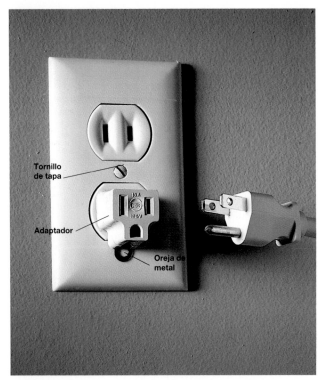

Problema: las clavijas de tres patas no se acoplan al contacto de dos ranuras. No use clavijas de tres patas con adaptador a menos que la coleta metálica del adaptador quede bien conectada al tornillo de la tapa del contacto (página 17).

Solución: instale un contacto de tres ranuras con tierra si se cuenta con un medio para ponerlo a tierra (páginas 70 a 71). Instale un interruptor de circuito por falla de tierra (GFCI) (páginas 74 a 77) en la cocina y en el baño, o si la caja de conexión no está puesta a tierra.

Problema: la clavija de la lámpara o del aparato está quebrada, o la extensión está deshilachada cerca de la clavija. Las extensiones y las clavijas en mal estado crean un riesgo de incendios o de choque eléctrico.

Solución: corte la parte dañada de la extensión e instale una clavija nueva (páginas 94 a 95). Las clavijas de repuesto se encuentran en las tlapalerías y en los supermercados.

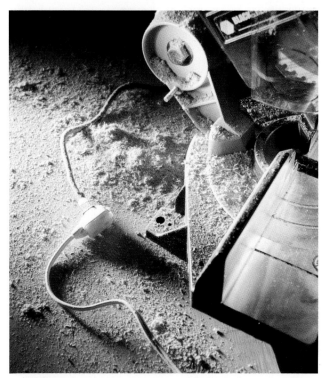

Problema: la extensión es demasiado pequeña para la energía que requiere una herramienta o un aparato eléctrico. Las extensiones de poco calibre pueden calentarse, fundiendo su aislamiento y dejando al desnudo los alambres.

Solución: use una extensión con la capacidad en watts y con el amperaje que corresponda o se exceda del necesario para la herramienta o aparato. Las extensiones tienen un uso temporal; no deben usarse nunca en una instalación permanente.

Inspección de contactos e interruptores

Problema: los adaptadores "pulpo" para contactos usados permanentemente pueden sobrecargar un circuito y dar lugar a un calentamiento excesivo en el contacto.

Solución: use una tira multicontactos con protección interior. Ésta es para uso temporal únicamente. Si la necesidad de contactos extra es permanente, aumente el sistema de alambrado.

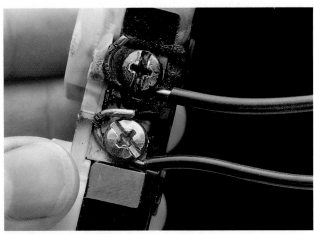

Problema: unas señales de quemaduras cerca de los tornillos terminales indican que ha habido un arco eléctrico. Esto se debe habitualmente a conexiones flojas.

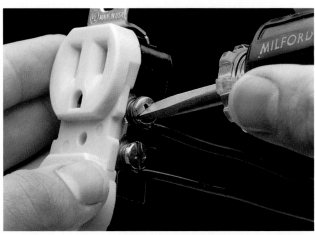

Solución: limpie los alambres con papel de lija fino, y cambie el contacto si ha quedado dañado. Asegúrese de que los alambres queden bien atornillados a los tornillos terminales.

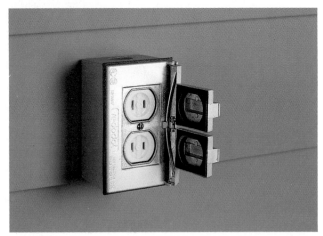

Problema: un contacto doble en instalación fuera de casa, es un riesgo porque no cuenta con ranura de tierra. En caso de un corto circuito, la persona que conecta una extensión se convierte en un conductor de la corriente eléctrica hacia tierra.

Solución: instale un interruptor GFCI (de circuito por falla de tierra). Los códigos eléctricos requieren se les instale en los contactos del exterior así como en los sótanos, cocinas y baños.

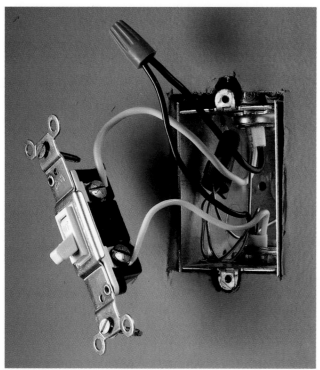

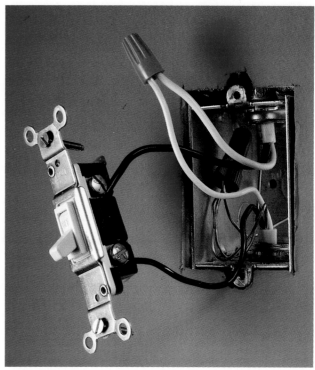

Problema: los alambres blancos neutrales están conectados al interruptor. Aunque éste parece funcionar correctamente en esta instalación, resulta peligroso, porque la lámpara sigue teniendo voltaje cuando el interruptor está apagado.

Solución: conecte los alambres negros vivos al interruptor, y junte los alambres blancos con un capuchón roscado.

Problema: los alambres blancos neutrales están conectados a los terminales de latón del contacto, y los alambres negros vivos están unidos a los tornillos plateados. Esta instalación es peligrosa, porque el voltaje vivo entra a la ranura ancha y neutral del contacto.

Solución: invierta las conexiones de los alambres, de manera que los alambres negros vivos queden unidos a los tornillos terminales de latón, y los alambres blancos neutrales lo estén a los tornillos plateados. El voltaje vivo va ahora a la ranura estrecha del contacto.

Evaluación de los alambrados viejos

Si el alambrado de su casa tiene más de 30 años, pueden darse varios problemas relacionados con el tiempo. Muchos de ellos pueden encontrarse al inspeccionar las cajas de registro en busca de conexiones sucias entre los alambres (página 72), señales de haberse producido un arco (página 120), aislamiento de los alambres quebrado o dañado (página 115), o formación de suciedad (página 117).

No es fácil localizar problemas en los alambres que están ocultos en las paredes. Si los alambres viejos están polvorientos o tienen dañado su aislamiento pueden producirse "fugas" de la corriente eléctrica. La cantidad de ésta que se escapa por conducto del polvo es muy pequeña, y no llega a fundir un fusible o a disparar un disyuntor. De cualquier manera, el permitir que la corriente salga de su curso normal consume energía, lo mismo que se pierde agua cuando gotea una llave.

Este tipo de fugas eléctricas se conoce como corto circuito de alta resistencia. Éste puede producir calor, y debe considerársele como un riesgo de incendio.

Es posible buscar un corto circuito de alta resistencia por medio del medidor eléctrico, observando los alambres de cada circuito. El objeto de la prueba consiste en determinar si se está consumiendo electricidad aunque ninguna de las luces o aparatos estén gastando energía. Para hacer esta prueba deben encenderse todos lo interruptores para activar los alambres de los circuitos, deteniendo a continuación el consumo al quitar los focos de las lámparas y los tubos fluorescentes, y desconectando aparatos y lámparas.

Se examina a continuación el medidor eléctrico, situado habitualmente en el exterior, cerca de la entrada del servicio eléctrico (página 12). Si el disco plano del medidor está girando, quiere decir que hay un corto circuito de alta resistencia que está consumiendo energía en algún punto del alambrado. El consumo de éstos es bajo, de manera que habrá que observar el disco del medidor durante un minuto entero para observar si se mueve.

Si la prueba muestra que hay un corto circuito de alta resistencia en el alambrado, deberá contratarse un electricista para que lo localice y lo repare.

Todo lo que necesita:

Herramientas: desarmador

Materiales: capuchones roscados, cinta adhesiva y pluma.

Cómo evaluar los alambrados viejos en cuanto a los corto circuitos de alta resistencia

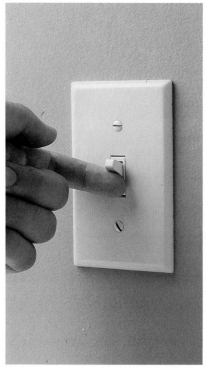

1 Encienda todas las lámparas. Recuerde encender las de los armarios, las de los sótanos y las luces del exterior.

2 Detenga el consumo, retirando los focos y tubos fluorescentes. Apague todos los termostatos.

3 Desconecte todas las lámparas y aparatos de los contactos.

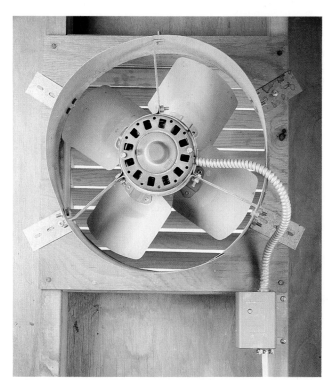

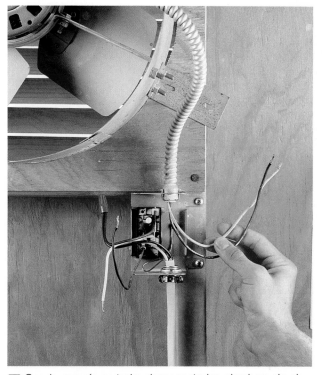

4 Corte la corriente a todos los aparatos usados por medio de alambrados permanentes, cortando los disyuntores correctos y quitando los fusibles en el tablero de servicio. Entre los aparatos conectados permanentemente se encuentran los ventiladores de los áticos, los calentadores de agua, los abridores de puertas del garaje y los ventiladores del techo.

5 Con la energía cortada, desconecte los alambres de circuito de los aparatos usados permanentemente. Tape las puntas de los cables con capuchones roscados. A continuación conecte la energía, y confirme que todos los interruptores de la totalidad de los aparatos están encendidos.

(Continúa en la página siguiente)

Cómo evaluar los alambrados viejos en cuanto a los corto circuitos de alta resistencia (continúa)

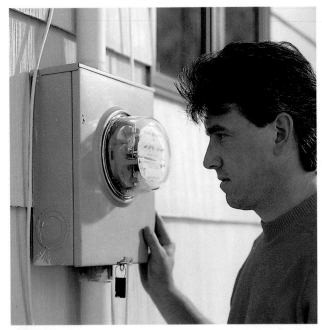

6 Observe el rotor circular situado dentro del medidor eléctrico, por lo menos durante un minuto. Si el rotor no gira, el alambrado está en buen estado. Si gira, indica que hay algún corto circuito de alta resistencia en el sistema de alambrado; vea el paso 7.

7 Corte la energía a todos los circuitos en el tablero principal de servicio, quitando los fusibles o disparando los disyuntores. No corte la entrada principal. Observe el rotor del medidor; si gira, el corto circuito está situado en el tablero de servicio o en su alambrado. En este caso consulte a un electricista. Si no gira vea el paso 8.

8 Conecte los circuitos individuales, uno a la vez, activando el disyuntor o colocando el fusible. Observe el movimiento del rotor; si no gira, el alambrado está en buen estado. Corte energía al circuito y pase al circuito siguiente.

9 Si el rotor gira, use cinta adhesiva para señalar el circuito defectuoso. Córtele la energía y pase a otro circuito.

10 Si el circuito contiene interruptores de tres o de cuatro vías, cambie la palanca de cada interruptor y observe el disco para determinar si se mueve después de cada movimiento del interruptor.

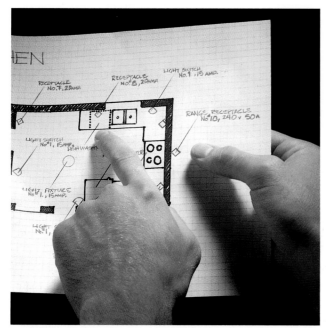

11 Para cada circuito identifique los aparatos, las luces, los interruptores, los contactos y las cajas de unión activadas por el circuito. Use un mapa del sistema de alambrado del hogar como guía (páginas 30 a 33).

12 Vuelva a probar todas las luces y aparatos en cada circuito defectuoso y asegúrese de que no están consumiendo energía. Si lo hacen, desconéctelos y repita la prueba.

13 Inspeccione las cajas de registro a lo largo de cada circuito defectuoso, viendo si hay conexiones de alambres sucias (página 72), con el aislamiento en mal estado (página 115), con formaciones de suciedad (página 117) o señales de arcos (página 120).

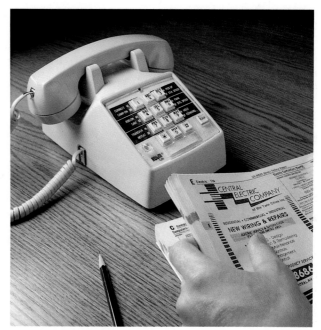

14 Si no encuentra problemas en las cajas de conexiones, el corto circuito de alta resistencia se encuentra en el alambrado oculto por las paredes. En este caso consulte a un electricista con licencia.

ÍNDICE

A

Accesorio instalado en la pared, 78-79
Accesorios, *ver* lámparas
Acometida del servicio eléctrico,10-11, 101
    apariencia, 11-12
    reparación, 8
Adaptador para clavija de tres patas, 17, 118
Aislador, definición, 7
Aislamiento del alambrado, 20-21, 115, 122
Alambrado intermedio, 64-65, 74
Alambrado terminal, 64-65, 74
Alambre blanco con tiras negras, 21
Alambre blanco, *ver*: Alambre neutro
Alambre de alimentación,
    definición, 7
    identificación, 48-49, 76-77
Alambre de aluminio, 21-22, 24
    contactos para, 63
    identificación, 22
    interruptores para, 44
    limpieza, 57, 62
Alambre de cobre, 21
    como alambre de tierra, 11-12, 14,17, 20-21
    como conductor, 21
    contactos para, 63
    interruptores para, 44
    limpieza, 57, 72
Alambre de perillas y tubo, 20
Alambre de tierra, 20-21
    color, 14, 21, 45
    como dispositivo de seguridad, 11-12, 16-17
    definición, 7
Alambre de tierra, *ver*: Alambre neutral
Alambre enterrado, *ver*: Cable subterráneo de alimentación
Alambre gris, *ver*: Alambre neutro
Alambre negro, *ver*: Alambre vivo
Alambre neutral, 6
    alambre de entrada a la casa, 10
    color, 14, 21
    conexión correcta, 121
    definición, 7
Alambre puente de tierra, 11
    inspección, 111
Alambre puente, 11,111
Alambre rojo, *ver*: Alambre vivo
Alambre verde, *ver*: Alambre de tierra
Alambre vivo, 6, 13, 45
    color, 14, 21, 45, 103
    conexión correcta, 121
    definición, 7
    pruebas de, 70-71, 76
Alambres de acometida a la casa, 10-12, 16
Alambres del circuito principal, 14
Alambres sueltos, 43, 79, 120
Alambres,
    alargado, 116
    calibres, 21, 44
    colores, 14, 21
    conexión, 24-25
    desnudado, 23-24, 57, 95, 115
    evaluación de alambrados viejos, 122-125
    limpieza, 57, 72, 120
    sueltos, 16, 62, 79,120
    tipos, 20-21
    Ver también: Empalmado de alambres, Alambre de puesta a tierra, Neutral
Amp, *ver:* Ampere
Amperaje,
    definición, 6
Ampere, su definición, 7
Anillos de entrada, 36, 39,113
Aparatos con interruptor incluido, 78-79
    prueba y reparación, 81
Aparatos,
    alambrado de circuitos separados, 64-65
    calibre del alambre, 21
    circuitos, 10-11, 27-28
    contactos para, 66, 68
    cordones de extensión para, 119
    clasificación por capacidad de amperaje, 34-35
    clasificación por capacidad en vatios, 34-35
    clavijas, 94
    demanda eléctrica, 34-35
    fusibles, 27-28
    problemas comunes, 43, 63
    voltaje, 10
Arcos, formación de, 38, 62, 116, 120, 122
Arrancador de luz fluorescente, 89

C

Cable blindado, 17, 20, 64, 84, 115
    definición, 7
Cable BX, *ver*: Cable blindado
Cable de extensión, 9, 119
Cable eléctrico, *ver*: Cable
Cable Greenfield, *ver*: Cable blindado
Cable NM, 17, 19-20, 36, 38
    desnudado del, 23
    lectura del, 22
    sujeción, 112
Cable no metálico, *ver*: Cable NM
Cable subterráneo de alimentación, 20
Cables,
    definición, 7, 21
    desnudado de los, 23
    problemas comunes, 112-113
    sujeción
    tipos de, 7, 17, 20-22
Caja de empalmes, *ver*: Caja de registro
Caja de fusibles, *ver*: Tablero de servicio
Caja de registro
    cable para, 113
    cambio, 40-41
    definición, 7, 13
    inspección, 116-117, 122
    instalación, 36-39
    limpieza, 117
    requisitos según el código, 36, 116
    tipos, 36-37
    y las lámparas, 36, 117
Caja del interruptor, 36-37
Caja eléctrica, *ver*: Caja de registro
Candelabros, 78-79, 86-87
Capacidad en vatios,
    clasificación por capacidad en vatios de los aparatos, 35
    clasificación por capacidad en vatios de los circuitos, 34
    definición, 7, 34
Capacidad y uso de los alambres, tabla, 21
Cartucho, fusible de, *ver*: Fusibles
Casquillos, 78-79
    cambio de los fluorescentes, 88-89, 91
    cambio de los incandescentes, 81, 83, 87
    prueba, 78-80, 87, 91
Chispas, 116
    en los contactos, 63
    por conexiones de cables descubiertas, 113
    ver también: Arqueo
Cinta de aislar, 114
Circuito cerrado de interruptor, 11, 45
Circuito, 14
    corte de la energía, 26-27
    definición, 7
    diagrama, 14-15
    diagramado, 6, 30-33, 76
    evaluación de la capacidad de seguridad, 34-35
    sobrecargas, 26, 28-29, 63
Clasificación CO/ALR de alambres, 22, 24, 63
Clasificación de alambres AL-CU, 22, 44, 63
Clasificación de los alambres por sus calibres, 21, 44
Clasificación por capacidad de amperaje,
    de los aparatos, 34-35
    de los circuitos, 26-28, 32
    de los contactos, 63, 66
    de los interruptores, 44
Clasificación por capacidad de voltaje,
    circuitos 26-27
    contactos, 63, 66
    determinación de la, 34
    interruptores, 44
Clavija polarizada
    apariencia, 17, 62, 66
    definición, 7
Clavija,
    adaptador, 118
    alteración de las, 9, 67
    para extensiones planas, 94
    quebrada, 119
    sale del contacto, 63
Clavijas para lámpara, 94
    ver también: Clavija
Código de colores de los alambres, 14, 21
Códigos (de construcción y eléctricos), 5, 9, 13, 64, 74, 79, 110
    alambrados que pasan la prueba de inspección, 110-121
Códigos de construcción, ver: Códigos
Códigos de electricidad, *ver*: Código
Coleta de conexión,
    conexión de alambres por medio de, 25
    definición, 7
Colores de los alambres, 14, 21
Conductor, definición, 7
Contacto aterrizado, 13, 17, 63-66, 70-71
Contacto controlado por interruptor, 64
Contacto doble,
    configuración del alambrado, 64-65
    definición, 7, 13
    diagrama, 63
    reparación y cambio, 72-77
    tipos, 66-69
    ver también: Contactos
Contacto no aterrizado, 17
Contacto no polarizado, 67
Contacto para interruptor por fallas tipo GFCI, 9, 15, 62, 74
    cuándo instalarlo, 9, 67, 72, 74, 118, 120
    diagrama de su alambrado, 74
    instalación 75-77
Contactos atornillables, 62
Contactos de dos ranuras, 64-66, 70-72
Contactos de pared ocultos, 69
Contactos de rosca, 67

Contactos de tres ranuras, 17, 66, 70-72, 118
   prueba de aterrizaje, 71
Contactos para interruptor, 49, 55
Contactos para montaje en superficie, 67-68
Contactos, 11, 13-15
   accesorios, 69
   adaptadores y aditamentos, 27, 118, 120
   aterrizado, 13, 17, 63, 66, 70-71
   cajas de registro para, 36-37
   circuito separado, 64-65
   contactos a prueba de fallas tipo GFCI, 9, 11, 62, 74, 77
   contactos anticuados, 62, 64, 66-67
   contactos para interruptor, 49, 55
   controlado por interruptor, 64
   configuraciones del alambrado, 64-65
   chamuscado, 120
   clasificación por amperaje, 63, 66
   clasificación por voltaje, 63, 66
   definición, 7
   de alto voltaje, 66, 68
   de dos ranuras, 64-66, 70-72
   de giro, 67
   de protección para niños, 69
   de rosca, 62
   de tres ranuras, 17, 66, 70-72, 118
   diagrama, 63
   doble, 7, 13, 63-65, 72-73
   doble de cerámica, 67
   inspección, 120-121
   montaje en superficie, 67-68
   no aterrizados, 17
   no polarizados, 67
   ocultos, 69
   polarizados, 7, 17, 62, 66, 70, 72
   problemas comunes, 62-63
   pruebas de energía, aterrizaje y polaridad, 32, 70-72, 75-77
   reparación y cambio, 72-77
   tapas y cubiertas, 9, 69
   tipos, 66-67
Continuidad,
   definición, 7
   pruebas de, 52-55
Corriente, 16
   corriente en corto circuito, diagrama, 16
   definición, 7
   diagrama de flujo de corriente, 6
   fugas, 122
   flujo normal de corriente, diagrama, 16
   medición de la, 19
Corte de la energía, 26-27
Corto circuito de alta resistencia, 117, 122
   Contacto para alto voltaje, 66, 68
   prueba de, 123-125
Corto circuitos,
   alta resistencia, 117, 122-125
   causas de los, 114-117, 122-125
   definición, 7, 16
   diagrama de una corriente en corto circuito, 16
   indicaciones de, 28-29
   protección contra los, 17

D

Demanda de energía,
   cálculo de la, 34-35
   definición, 34
Demanda, *ver:* Demanda de energía
Desnudacables, 19, 23
Desnudado de cables y alambres, 23-24, 57, 95, 115
Desnudador calibrado de cables, 24
Diagrama del circuito, 30-33

Diagramado de los circuitos eléctricos, 30-33
Disyuntor disparado, 29
Disyuntor, 13, 27
   ver también: Tablero de servicio
Disyuntor, 26-29
   apariencia, 14, 29
   como dispositivo de seguridad, 10, 13-14, 26
   definición, 7
   disyuntor disparado, 28-29
   restablecimiento, 29
   tipos, 28

E

Electricidad
   comprensión de la, 6, 10-15
   glosario de términos, 7
   origen y vías de suministro, 10-11
   y la seguridad, 8-9
Empalmado de alambres,
   accesorios de conexión a presión, 24
   capuchón de rosca, 25
   coleta de conexión, 25
   terminales de tornillo, 24
Empalmado de los alambres,
   apretado de los, 43, 56-57, 73, 97
   causas de las conexiones flojas, 62
   Empalme con coletas, 25
   entradas a presión, 24, 44, 63
   inspección, 114-115
   limpieza, 57, 72, 120
   terminales de tornillo, 24, 114
   tuercas de empalme, 7, 25
Empalme a presión, 24, 44, 63
   apretado de los, 56-57, 72-73
   causas, 62
   y corto circuitos, 16, 62
Empalme de alambres, *ver:* Empalme de cables
   contactos de circuitos separados, 64-65
Empalme de cables, 36-37
   instalación en caja de registro, 38-39
Energía al exterior de la casa,
   cable para, 20
   caja de registro para, 37
   contactos para, 74, 120
   salidas, *ver:* contactos
Energía,
   corte de la, 8, 13, 26-27
   definición, 7
   fuente y vías de suministro, 10-11
   prueba de la, 16, 32-33, 38, 40, 70-71, 91
   y capacidad del circuito, 34-36
Extensiones, problemas comunes, 118-119
   ver también: Clavijas
Extractor de fusibles, 19, 29

F

Falla de la energía, *ver:* Disyuntor abierto, Fusible fundido
Falla del aterrizaje, *ver:* Interruptor por fallas tipo GFCI de la conexión a tierra, contacto para interruptor por fallas tipo GFCI
Fusible de clavija, *ver:* Fusibles
Fusible fundido, cambio, 29
   ver también: Fusible
Fusible, 26-29
   cambio 26-27, 29
   como dispositivo de seguridad, 10, 13-14, 26
   cómo funciona el fusible, 28

   definición, 7
   Fusible fundido, identificación y cambio, 26-27, 29
   tipos, 28

G

Glosario de términos, 7

H

Herramienta de uso múltiple, 18
Herramientas para reparaciones eléctricas, 18-19
Horno, comprobación de la existencia de energía eléctrica, 32

I

Inspección del alambrado, 111-121
   alambre puente de tierra, 111
   cable, 112-113
   caja de registro, 116-117, 122
   contactos, 120-121
   conexiones de los alambres, 114-115, 122
   evaluación del alambrado viejo, 122-125
   extensiones, 118-119
   interruptores, 120-121
   tablero de servicio, 111
Interruptor aterrizado, 44
Interruptor automático, 51, 55
Interruptor con relevador de tiempo, 50, 55
Interruptor con sensor del movimiento, 43, 51
Interruptor de cuatro alambres, 44, 47
   instalación o cambio, 59
   prueba de continuidad, 53
Interruptor de luz piloto, 49, 54
Interruptor de luz, *ver:* Interruptor en la pared, interruptor interconstruido en la lámpara
Interruptor de mercurio, 43
Interruptor de palanca, 42-43
Interruptor de pared, 42, 61, 78-79
   automático, 51, 55
   cajas de registro para los, 36-37
   contacto controlado por interruptor, 64
   contacto/interruptor, 49, 55
   cronometrador, 50, 54
   de botón, 42
   de cuatro polos, 44, 47, 53, 59
   de mercurio, 43
   de palanca, 42, 43
   diagrama, 42
   electrónicos, 42, 50-51, 55
   giratorio, 42
   instalación y cambio, 56-59
   inspección, 121
   interruptor doble, 48, 55
   monopolar, 44-45, 49, 52, 56-57, 60-61
   problemas comunes, 42-43, 56, 121
   programable, 51, 55
   pruebas, 43, 50, 52-57, 61
   reductor de la luz, 60-61
   relevador de tiempo, 50, 55
   sensor del movimiento, 43, 51, 55
   tipos, 42-51, 60
   tripolares, 44, 46, 53, 58
Interruptor de seguridad, sensor del movimiento, 43, 51, 55
Interruptor de tiempo, 50, 54
Interruptor de tres direcciones, 44, 46
   instalación o cambio, 58
   prueba, 53
Interruptor doble, 48, 55

Interruptor electrónico accionado por el movimiento, 43, 51
Interruptor electrónico, 51, 55
Interruptor giratorio, 42
Interruptor monopolar, 44-45, 49
    cambio por el amortiguador de luz, 60-61
    instalación o cambio, 56-57
    prueba, 52, 57
Interruptor por fallas tipo GFCI, 28
    prueba, 29
Interruptor programable, 51, 55
Interruptor reductor de la luz, 60-61
Interruptor, *ver*: Interruptor de pared, interruptor interconstruido
Interruptores con botón a presión, 42

L

La tubería del agua como toma de tierra, 14, 16-17, 111
Lámpara deslizable, 78
Lámpara oculta, 78-79, 83-85
Lámparas de luz fluorescente, 88-93
    accesorio, cambio, 93
    arrancador, cambio, 89
    casquillo, cambio, 91
    igualador (balastro), cambio, 92
    problemas comunes, 88-89
    tubo, cambio, 90
Lámparas de techo, 78-79
    cajas para las, 36
    problemas comunes, 79
    ver también: Lámparas
Lámparas incandescentes, 78-87
    candelabro, 78-79, 86-87
    deslizables, 78
    montadas en la pared, 78-79
    ocultas, 78-79, 83-85
Lámparas ocultas y aislamiento, 83
    contacto de tierra, 63
    de conexión rápida, 94
    para extensiones redondas, 94-95
    polarizada, 17, 94
    reparación y cambio, 63, 94-96, 119
    tipos, 94
Lámparas, 12, 14-15
    candelabro, 78-79, 86-87
    deslizables, 78
    fluorescente, 88-93
    incandescente, 78-87
    instalación sin caja de registro, 117
    lámparas de techo, 78-79
    montadas en la pared, 78-79
    ocultas, 78-79, 83-85
    problemas comunes, 43, 63, 78-79, 117
    prueba y cambio de casquillos, 80-81
    reparación y cambio, 43, 78-93

M

Medidor eléctrico, 10-12, 122
    definición, 7
Medidor, *ver*: Medidor eléctrico, 10-12, 122
Multiprobador, 19

N

National Electric Code, 5, 13, 34, 36, 44, 110, 114, 116
National Fire Protection Agency, 110
NEC. *ver*: *National Electric Code*

Nudo de electricista, 94-95

P

Polaridad, contacto para probar la, 70-71
Poste de acometida con protección contra la intemperie, *ver*: Acometida de servicio
Probador de circuitos, ver: Probador neón de circuitos
Probador de continuidad, 18
Probador neón de circuitos, 18-19
Protección contra clavos, 112
Protector contra sobrevoltajes, 69
Puesta a tierra, 16-17, 20
    para prueba del contacto 70-71

R

Recomendaciones de calibres del alambrado, 21
Recubrimiento de cables, 20-21, 39
Reparaciones eléctricas, herramientas para las, 18-19
Requisitos para el servicio eléctrico de la FHA (Federal Housing Administration), 26
    ver también: Códigos
Romex, definición, 7
Rotulado del tablero de servicio, 26, 30-33

S

Salidas, *ver*: Contactos
Seguridad, 8-9, 36, 40
    Contactos de protección para niños, 9, 69
    corte de la energía, 26-27
    dispositivos, 14-17, 62, 74
    evaluación de la capacidad de seguridad de los circuitos, 34-35
    inspecciones, 110-121
    sugerencias, 8-9
Servicio eléctrico a 100 amperes, 27
Servicio eléctrico de 30 amperes, 26
Servicio eléctrico de 60 amperes 27
Servicios eléctricos viejos, 10
    alambrado de los, 20-21, 26-27, 114
    evaluación, 122-125
    tipos de contactos, 62, 64, 66-67
Sistema American Wire Gauge (AWG), 21
Sistema eléctrico, 10-11
    diagrama, 6, 11-13
    mapa de la instalación, 30-33
    mejoramiento de las líneas, 10-12, 26-27, 37, 65, 74, 79
Sobrecarga,
    definición, 7, 14
    prevención de la, 10, 26, 28-29, 34, 63
Sobrevoltajes, 69

T

Tablero de disyuntores, *ver*: Tablero de servicio
Tablero de fusibles con asidero, 27, 29
Tablero de fusibles, 27, 29
Tablero de fusibles, *ver*: Tablero de servicio
Tablero de servicio, 10-11, 16, 26-27
    apariencia, 13-14
    corte de energía, 26-27
    definición, 7
    determinación del tamaño del servicio, 26-27
    inspección, 111

reparación, 8
rotulado, 26, 30-33
ubicación e identificación, 26-27
Tablero principal de servicio, *ver*: Tablero de servicio
Termostato de bajo voltaje, 102-107
Termostato de voltaje en línea, 102-103, 108-109
Termostato electrónico programable, 102
    instalación, 106
Termostato programable, 102
    instalación, 106
Termostato, 102-109
    bajo voltaje, 102-107
    cambio del transformador de bajo voltaje, 107
    definición, 102
    diagrama, 103
    electrónico programable, 102, 106
    inspección y prueba, 104-105, 106-109
    instalación y cambio, 102-109
    prueba, 104-105, 108-109
    tipos, 102-103
    voltaje en línea, 102-103, 106-109
Timbre de chicharra o de campanas
    cambio del interruptor, 100
    diagrama del sistema, 96
    instalación y cambio, 96-101
    limpieza de émbolos de las campanas, 99
    problemas comunes, 96
    prueba, 97-99
    sustitución de la unidad musical, 100-101
    transformador para, 96-98
Tira multicontacto, 69, 120
Tornillo de tierra, 15-16, 25, 39, 64-65, 74-75, 78, 82
Tornillo terminal común, 46, 53, 58
Tornillo terminal,
    definición, 7
    Empalmado a los alambres, 24, 114
    tornillo terminal cambiable, 46, 53
    Tornillo terminal común, 46, 53, 58
Transformador,
    cambio del transformador de bajo voltaje, 107
    de bajo voltaje, 19, 96, 104, 107
    para timbre de puerta, 96-98
    sistema acondicionador del aire, 96
    termostato, 102-105, 107
    transformador reductor de voltaje, 10, 14, 16
Tubo protector, 20
    definición, 7
    metálico, 17, 20-21, 64
Tuercas de empalme,
    definición, 7
    uso, 25

U

UL, 7-8, 44, 63
Underwriters Laboratories, *ver*: UL

V

Varilla de tierra, 11-12, 14, 16-17
Voltaje, 10
    definición, 6-7
    medición del, 19
Volts, *ver*: Voltaje

W

Watt, *ver*: Capacidad en vatios